エクソシスト入門

実録・悪魔との対話

Introduction to Exorcism

大川隆法
RYUHO OKAWA

悪魔との対話（2010年1月29日）

エクソシスト入門（2010年1月27日）

悪魔との対話（2010年1月29日）

「悪魔との対話」は、2010年1月29日、幸福の科学総合本部にて、
質問者との対話形式で公開収録された。

まえがき

まことに世にもめずらしい本が出されることとなった。

第1部の第1章は、概論《がいろん》としての「エクソシスト入門」(悪魔祓《あくまばら》い師《し》入門)、第2章は、その話を聞いた人との質疑応答。

第2部第1章は、ズバリ「悪魔との対話」である。現代人の常識の盲点《もうてん》は、悪魔の存在を信じていないことである。この世の破壊《はかい》や犯罪の蔭《かげ》には、悪魔や悪霊の暗躍《あんやく》がある。彼らは、その存在を知らない人を裏からあやつり、その人の人生を破滅《はめつ》させることに快感を覚えているのだ。

悪魔の存在を知った時、人々はなぜ正しい宗教が必要か、はっきりと悟《さと》るだろう。

また第2部第2章は、迷える子羊を救うためにあえてつけ加えた章である。生前、人々に反省と中道《ちゅうどう》を教えていたのに、自らは未《いま》だに反省できていないでいる哀《かな》しき仙人《せんにん》の姿がそこにはある。宗教修行者の未来への警告として、あえて収録した。

二〇一〇年　二月

幸福《こうふく》の科学《かがく》グループ創始者兼総裁《そうししゃけんそうさい》　大川隆法《おおかわりゅうほう》

エクソシスト入門　目次

第1部

第1章　エクソシスト入門

第2章　質疑応答

第2部

第1章　悪魔との対話

——悪霊《あくれい》現象とは何か

第2章　高橋信次霊《しんじれい》との対話

第1部

第1章

エクソシスト入門

［二〇一〇年一月二十七日説法］

1　エクソシストとは何か

本章は、「エクソシスト入門」という題を付けましたが、まず、その趣旨《しゅし》について述べておきましょう。

最近、私は霊言《れいげん》の収録を幾《いく》つか行っています［注］。二十年ほど前には、当たり前のようにやっていたことですが、幸福の科学の発展に伴《ともな》って捨ててきたものの一つでした。

しかし、幸福の科学の信者も代替《だいが》わりをしてきて、二十年前には子供だった人たちも大人になってきたため、幸福の科学において当然と思われていたことが、分からなくなってきているようです。そこで、もう一度、入門レベルのことをおさらいしておく必要があると考えたわけです。

十年も二十年も幸福の科学で勉強している人をいつも相手にしていると、難しいことばかりを説く傾向《けいこう》が出てくるので、当会の教えに触《ふ》れてまだ日の浅い人にも理解できるように、宗教にとって大事なポイントを幾つか押《お》さえておきたいと思います。

まず、本章のテーマである「エクソシスト（exorcist）」とは何かということですが、日本語に訳すと、「悪魔祓《あくまばら》い師《し》」ということです。そして、エクソシズム（exorcism）が、「悪魔祓い」ということになります。

したがって、「エクソシスト入門」というのは、「悪魔祓い師入門」ということであるので、やや、おどろおどろしい感じもしますが、これは、ある意味で、「宗教の発生源」なのではないかと思います。

古代においては、現代社会とは違《ちが》って、夜は暗いし、また、さまざまな不幸や災害を人為的《じんいてき》手段によって避《さ》けることができなかったため、悪霊《あくれい》、悪霊《あくりょう》、悪魔といった存在の影響《えいきょう》が、今以上に、とても大きく感じられたことだろうと思います。

また、人々も、そういうものを感じやすい体質だったのではないでしょうか。

2 釈迦《しゃか》教団における霊的《れいてき》修行

なぜ死体置き場で瞑想《めいそう》修行をしていたのか

現代では、仏教は「葬式《そうしき》仏教」「観光仏教」と言われて、よく批判されています。もともと釈迦《しゃか》仏教はどうであったかといえば、冠婚葬祭《かんこんそうさい》を業務としていなかったことは間違《まちが》いありません。ただ、仏典を読むと、現在の墓場に当たる「死体置き場」で瞑想《めいそう》修行をしていたことが分かります。

墓場といっても、当時のインドでは、日本にあるようなお墓がたくさん並んでいるわけではなく、大きな穴を掘《ほ》った所に死体をただ投げ込《こ》んでいくだけの土葬《どそう》でした。また、土葬まで行かずに、鳥葬《ちょうそう》というか、死体を野ざらしにして鳥や動物に食べさせるようなかたちもありました。

そういう死体置き場になっている所を「尸林《しりん》」といいますが、そのような場所で瞑想をする修行法があるのです。それをよく行《おこな》っていたらしいことが仏典には遺《のこ》っています。

幸福の科学でも、その修行をやってみてもよいかもしれません。

例えば、「幸福の科学の講師になるためには、青山墓地へ行って、三日三晩、瞑想をしてきなさい」と言って、〝肝試《きもだめ》し〟をさせ、その関門を無事に通過できるかどうか、もののけに憑《つ》かれそうになっても、それを追い払《はら》えたかどうかを見るわけです。

もし、変な人相になって帰ってきたら、「これは怪《あや》しい。不成仏霊《ふじょうぶつれい》に取り憑かれたに違《ちが》いない」と判定されることになるでしょう。

「死体置き場で瞑想する」というのは、当時のインド人にとっても、あまり気持ちのよいものではなかったはずです。

こうした死体置き場での瞑想修行の意味として、一つには、「諸行無常《しょぎょうむじょう》の理《り》」を悟《さと》るという趣旨《しゅし》があったのだろうと思います。これは、「白骨観《はっこつかん》」とか「不浄観《ふじょうかん》」とか言われる瞑想法、「人間は、死んだら腐《くさ》って白骨になっていく。肉体は、そのように無常であり、不浄なものなのだ」ということを悟ろうとするものです。死体置き場で瞑想をすることによって、「肉体は、汚《きたな》いものなのだ」ということを悟り、「肉体への執着《しゅうちゃく》を断つ」という修行を行っていたのです。

仏弟子《ぶつでし》たちは霊的な現象を体験していた

ただ、この死体置き場での修行には、仏典に書かれていない、もう一つの意味があると思われます。焼かれていない生の死体が積み上げられ、捨てられている場所で瞑想修行をしていて、霊的に何も感応しなかったはずはないからです。

仏典には書かれていないので、実際にどうであったかは分からないところがありますが、やはり、何らかの現象はありえたのではないかと思います。

特に、初期の釈迦仏教では、「阿羅漢《あらかん》になる」ということを一つの目標にしていました。

阿羅漢の状態になると、一種の神通力《じんつうりき》が備わってきます。「六大神通力」と言うと話が少し大げさになりますが、簡単な霊能力、あるいは何らかの「霊感」的なものが備わってくるのです。

そのように、阿羅漢になると、何らかのかたちで神通力が備わってくるので、修行をして阿羅漢のレベルになった人が、死体置き場で瞑想をしていて、何も感じないはずはありません。

鈍感《どんかん》な人、要するに、〝心の窓〟がまったく開《ひら》けていない人であれば、平気で坐《すわ》っていられるかもしれませんが、霊的な感度が上がってきたら感じるはずです。そうであるにもかかわらず、そういう場所で瞑想修行をさせたということは、仏典には書かれていない修行が何かあったのではないかと推測されます。

死体置き場である尸林《しりん》で禅定《ぜんじょう》・瞑想をしていると、おそらく、いろいろなものが見えたのではないかと想像されます。

単に、肉体が腐って白骨になっていく様を思い浮《う》かべるだけではなく、禅定をしている間《あいだ》に、実際に、さまざまな霊の姿が見えたり声が聞こえたりする現象が起きたのではないかと思います。

そして、何か霊的な現象を体験した場合は、帰ってきてから、自分の先生に、「こういう現象が起き、こういうことを体験しましたが、このように対応して乗り切りました」というような報告をしていたと推定されるのです。

お経は、釈迦没後《ぼつご》、四、五百年たってからつくられたものであり、そのへんのことが生々しく書かれていないため、現代の人には分からないわけです。
四、五百年前の話というのは、現在を基準にすると、西暦《せいれき》一五〇〇年から一六〇〇年ぐらいのことになります。戦国時代から安土《あづち》・桃山《ももやま》時代を経て、江戸《えど》期に入るぐらいのころの話です。「そういう昔の時代に説かれた教えが、伝承として伝わってきて、現代になってから、初めてお経としてまとめられた」という場合のことを考えてみると、完璧《かんぺき》なかたちで正確に伝わっているとは思えません。

特に霊的な部分については欠落していると思われます。口伝《くでん》で伝わっていく過程で、霊的な部分については理解ができなくなり、その説明がしだいに落ちていったのではないかと思います。

キリスト教でも、教会自体には霊的なものを否定する傾向《けいこう》がありますが、やはり、初期においては、いろいろな奇跡《きせき》が起きたのだろうと思います。

しかし、霊的な経験、体験のない人が何代か続くうちに、そういうものを否定する傾向が出てきて、霊的な部分が伝わらなくなりました。要するに、都合の悪いものは削除《さくじょ》していくかたちになったわけです。

したがって、「釈迦仏教において、墓場で瞑想修行をさせた」という事実を見るかぎり、これは、「阿羅漢に達したかどうかを確認するための試験であった」と推定されるのです。

悪魔祓《あくまばら》いはプロの宗教家への道

また、死体置き場に捨てられた人たちの魂《たましい》が、すべて無事に昇天《しょうてん》して天上界《てんじょうかい》に還《かえ》っているとは思えません。

むしろ、供養されることもなく死体を打ち捨てられた人は、何らかの罪人や、貧しく身寄りのない者であることが多かっただろうと思います。そういう人の死体が村外れの死体置き場に捨てられていたと見てよいでしょう。

今のインドもそうですが、きちんとした格式のある家では、葬式をそれなりに立派にやっていたと思われるので、おそらく、身寄りのない人や、不遇《ふぐう》な死に方をしたような人たちのための死体置き場が、町外れにあったのだと思います。

釈迦教団の修行者たちは、そこで何らかの〝実験〟をしていたのでしょう。

今のお寺では、境内《けいだい》にお墓をたくさん抱《かか》え、そこに家を建てて住み、一軒《けん》だけでお墓を守っていますが、これは、とても怖《こわ》い、〝肝試し〟の毎日だろうと思います。

確かに、仏教系の大学が唯物論《ゆいぶつろん》を教えたくなる理由も分かるような気はします。「死んでも、あの世はない」と思っていれば、安心して生活できますが、「あの世がある」と思ったならば、境内にあるお墓の数を考えると、家族だけでは怖くて住めなくなります。

それはマイケル・ジャクソンの「スリラー」の世界でしょう。夜中に墓から出てきて踊《おど》り出したりしたら大変です。法力《ほうりき》を持っていなければ、とても対抗《たいこう》できません。

以前、「霊幻道士《れいげんどうし》」という、道教系のゾンビを描《えが》いた映画がありました。どちらかというとコメディーに属するものでしょうが、内容は、「埋葬《まいそう》された死体が〝キョンシー〟となって墓場からよみがえり、ピョンピョンと飛び跳《は》ねながら襲《おそ》ってくるのを、道教の道士が戦って撃退《げきたい》する」というものです。

道士は、たいてい護符《ごふ》で戦います。呪文《じゅもん》を書いた黄色い札をパシッとキョンシーの額に貼《は》り付けたり、師匠《ししょう》が弟子《でし》にいろいろと道術を教えて共に戦ったりします。

これを見ると、やはり、死者というものが怖かったのだろうと思います。死者がよみがえったり、幽霊《ゆうれい》になって出てきたりするということは、一般人《いっぱんじん》にとっては、そうとうに怖いことです。

祟《たた》りがあったり、よみがえってきて何か復讐《ふくしゅう》されたりすることが、とても怖かったので、プロの修行者や宗教家が間に入って、それを食い止めたり、取り除いたり、成仏させたりする仕事が発生したのでしょう。

世界各地にある宗教は、たいてい死者の供養を伴《ともな》うものですが、それは、単に、「亡くなった家族や親類縁者《えんじゃ》が、迷わず天国に行けますように」という平和な気持ちだけではなく、「生きている人に何か災《わざわ》いを起こしたりしないように」という気持ちが、そうとうあったのだろうと思います。

そのための一種の〝賄賂《わいろ》〟に相当するものが、お墓のなかに入れる、さまざまな副葬品《ふくそうひん》なのです。

エジプトなどでは、お墓のなかに、死体と一緒《いっしょ》に高価な品をたくさん埋《う》めたりしますが、それは、「これだけ尽《つ》くしたのだから、祟って出てこないでください。きちんと、感謝の念、報恩の念を持って供養をしましたから、出てこないでください」ということなのです。

日本でも、縄文《じょうもん》時代の遺跡《いせき》などを見ると、死体が胎児《たいじ》の形に折り曲げられ、甕《かめ》に入れて埋められていたり、大きな丸石を抱えた死体が埋められていたりしています。

これなども、エジプトと同じで、「よみがえってこないでください」と言っているのです。「大きな石でも抱《だ》かせておかないと、夜中に、むくっと起き上がって出てきたら怖い」ということだと思います。

そういう意味で、エクソシスト（悪魔祓《あくまばら》い師《し》）の業務は、やはり、宗教家としてプロフェッショナルになるための、一つの道であったのではないかと思います。

今でも、お寺の住職や教会の牧師、神父等の一部には、悪魔祓いをする人がいますが、そうした悪魔祓い系統の仕事ができなくなったことと、プロとして尊敬されなくなったこととは関係があると思われます。そういうことが現実にできる場合には、人々の尊敬を集め、頼《たよ》りにされるわけです。

不成仏霊《ふじょうぶつれい》の障《さわ》りは「人」と「場所」が原因で起きる

現実に、不幸が起きる家庭には、連続して不幸が起きることがよくあります。また、交通事故が起きた家庭に、連続して事故が起きたり病人が出たりします。あるいは、家族のなかで、「何人も同じ病気で死んでいく」ということがあります。確かに、医学的に言えば遺伝なのかもしれませんが、宗教的に見れば、「不成仏霊《ふじょうぶつれい》が取り憑《つ》くと、その不成仏霊と同じような死に方をする」ということがあるのです。

例えば、自殺者が出ると、家族のなかで、同じように自殺をする人が出てくることがあります。

最近、表向きの病名はよく分かりませんが、北海道選出の元代議士で亡くなった人がいます。その人の父親も政治家で、有力な大臣になり、首相候補者の一人でもありましたが、ホテルで首吊《つ》り自殺をしました。その息子《むすこ》の代議士も大臣になりましたが、やはり不審《ふしん》な死に方をし、自殺も疑われています。

世間の人から見れば、「何か不成仏のものがあって、同じような道をたどったのではないか」と感じるところは何となくあるでしょう。

そのようなことが、現実には、あちこちで起きているのです。

「人から人へと伝わるかたちで、不成仏霊が障《さわ》りを起こす」というように、「人」が問題になることもあれば、「場所」そのものが障りになることもあります。

例えば、幸福の科学の総合本部の近辺は、昔は寺町だったので、墓地がとても多い場所です。しかし、現在は、お墓をまとめてどこかに移転させ、整地して巨《きょ》大《だい》なマンションを建てています。おそらく、お墓も〝集合住宅〟のようなかたちにするのでしょう。

そのマンションには、近所にいた人も住むのでしょうが、よそから何も知らずにやってきて住む人も数多くいるだろうと思います。よそから来た人には、そこが墓地であったことは分からないので、立派なマンションが建っていたら入居してしまいます。その下に何があったかを知っている人たちは何となく怖いでしょうが、知らずに住んでいる人もいるわけです。

そうした「場所」に取り憑いているものもいます。これは、「地縛霊《じばくれい》」といわれるものです。

釈迦仏教が「執着するなかれ」と教え続けた意味

火葬《かそう》の習慣が普及《ふきゅう》したことは、わりによいことだと私は思います。

日本でも、戦前は、けっこう土葬が多かったようです。

現在は、人口も増えており、衛生上も悪いので、原則として火葬になっていますが、土葬にすると肉体の形が残るため、何らかの執着が生じることがあります。

エジプトのミイラについても、「復活の思想」がもとになっていますが、それが、なぜ、「肉体を干物《ひもの》のようにしてでも残す」というスタイルになったのか、そのへんのつながりが、もう一つ論理的に見えないところがあります。

肉体の形を保存したら、やはり、それに執着するような気がします。「この世に何らかの執着を残す」ということは、結局、あの世から戻《もど》ってくるきっかけになりやすいのです。

釈迦仏教が説いていることをずっと見ていくと、要するに、「この世のものに執着してはいけない」ということを一生懸命《いっしょうけんめい》に言っています。「ものに執着するなかれ。妻や子供などの家族に執着するなかれ。財産に執着するなかれ」というように、あらゆるものに対して、「執着してはいけない」ということを一生懸命に言い続けているのです。

そして、「愛する者とは別れ、憎《にく》らしい者とは出会う」という世界であるこの世から、どのようにして距離《きょり》を取って離《はな》れるかを、一生懸命に説いています。要するに、死んでから〝お化け〟になって出てこないようにするために、「これでもか、これでもか」と、執着を去ることを説いているように見えます。

そのように、何度も言われて、刷り込《こ》まれてくると、この世に対して執着を持つことが悪いことのように思えてきます。「そういえば、『死んだあとは、地上に執着してはいけない』と聴《き》いていたな」と思い、この世から離れようとするのです。

不成仏霊が出るには、出るだけの理由があるわけです。

3　悪魔《あくま》の本質とは何か

積極的に悪を肯定《こうてい》し、人の不幸を喜ぶ者たち

人々の信仰心《しんこうしん》が薄《うす》れている今の時代において、「どのようにして、不成仏《ふじょうぶつ》の者たちを成仏させるか。また、そうした不成仏霊《れい》を増やすことを喜びとしている、悪魔《あくま》や魔王《まおう》と呼ばれる者たちと、どのように対決し、彼らが悪事を広げないようにするか」ということは、宗教家を志す者にとって非常に大事なことです。

この世においても、放置すると悪いことをし始める者がいるため、警察が一生《いっしょう》懸命《けんめい》に警備をしていますが、あの世においても、天使や菩薩《ぼさつ》という、ある意味で警察官に当たる者たちの目が届かないところで、悪霊《あくれい》のさらに〝進化〟した悪魔や魔王、あるいは大魔王と言われるような者たちが、悪いことをしています。

そういう者たちと、どのように相対《あいたい》していくかを考えなければいけません。

こうした、悪霊の強力化した存在である、悪魔や魔王の本質とは何かというと、それは、「積極的に悪を肯定《こうてい》している」ということです。彼らは、思想的に悪を肯定し、人を不幸にすることを喜びとしています。そのような気持ちを持っているのです。

悪魔や魔王が取り憑《つ》くと、どうなるか

悪魔や魔王が地上の人間に取り憑《つ》いた場合、その人が口癖《くちぐせ》のように言い出すことがあります。自分の意識がしっかりしているうちは、すぐ、「死にたい、死にたい」と言い出します。一方、自分の意識があまりしっかりしていない場合には、「死ね、死ね」という声や、「殺してやる」という声が聞こえてくるようになります。だいたい、これは共通しています。

悪魔や魔王がずっと狙《ねら》っていると、「死ね、死ね」という声が、毎日、聞こえ

てきて、それが耳から離《はな》れなくなるのです。一種の「自殺のすすめ」です。

そして、ふと気がつくと、断崖絶壁《だんがいぜっぺき》の際《きわ》に立っていたり、首を吊《つ》るロープを準備していたり、刃物《はもの》で自分の体を傷つけていたりするようなことが起きます。

今、十代ぐらいの若い人には、リストカットなどをする人が数多くいますが、小《こ》悪魔程度の者に憑かれている可能性はあります。

昔であれば、十代というと純粋《じゅんすい》な年代でしたが、今は大人になるのがかなり早いので、小学校の高学年ぐらいから、小悪魔に取り憑かれるような考え方を持つ人が増えています。

悪魔は、人に対する呪《のろ》い、恨《うら》みつらみの心を持っていて、「殺してやる」というような言葉を吐《は》く連中なのです。

これは、普通《ふつう》に考えれば、おかしいことは誰《だれ》にでも分かりますし、常時、取り憑いてくるようになると、言動が異常になり、それが病気と認定されれば、精神科のほうに回されて、病院に入れられるわけです。

病院では、「薬によって、性格を穏《おだ》やかにさせ、眠《ねむ》らせる。精神を安定させる」という対応をしていますが、霊の声が聞こえたり、その姿が見えたりするというのは、嘘《うそ》ではない場合が多いのです。憑いている霊と、常時、一体になっていると、実際に、声が聞こえてきたり、姿が見えてきたりすることがあるのです。

ただ、常識的な頭で考えてみれば、「死ね、死ね」と言ったり、「殺してやる」と言ったりする者が、天上界《てんじょうかい》の存在でないことぐらいは分かるはずです。

たとえ、その者が、自分の父親や母親を名乗ったり、あるいは、おじいさんやおばあさん、自分の先生だった人などを名乗ったとしても、天国に還《かえ》っている者であれば、そういうことを言うはずがありません。

幸福の科学では「悪魔と正反対の心のあり方」を説いている

一般的《いっぱんてき》な不成仏霊の場合は、自分が救われることを願うのですが、「当分は地《じ》獄《ごく》から出られない」ということが、はっきり分かってきた者になると、今度は、仲間を増やすほうに行き始めるのです。

例えば、受験で言えば、自分が合格できないと分かったときに、「不合格者が多いほど、気持ちがすっきりする」というようなものです。「あの人も落ちたか。この人も落ちたか」ということになると、ある程度すっきりするような心が、誰にでもあります。

幸福の科学では、これと正反対の考え方を説いています。「明るく積極的で建設的な心を持ちましょう。愛の心、利他の心を持ちましょう。人に対して親切にしましょう。人を許す心を持ちましょう」ということを教えていますが、実は、これらは全部、地獄霊や悪魔の心と正反対のものなのです。

こうした心を持っていると、そういう地獄の者たちとは、水と油のように同調しなくなってきます。つまり、「波長同通の法則《はちょうどうつう》」が働かないようにするために、正反対のものを打ち出して教え、行動するように勧《すす》めているわけです。そういう教えに護《まも》られていると、彼ら地獄の者たちとは同通しなくなってくるのです。

したがって、心して、「自分の考えが、暗い、ジメジメしたものになっていないかどうか」を考えなければいけません。確かに、客観的に見て、「暗い考えを持っても、しかたがない」と思えるような状況《じょうきょう》は、この世では、いくらでも出てきます。ただ、そうはいっても、やはり、半分は自分の受け取り方、考え方しだいなのです。

4 不況期《ふきょうき》の暗い想念と、どう戦うか

不況期は、新しい起業家が出てくる時代

不況《ふきょう》の時期に入ると、会社が潰《つぶ》れることは数多くあります。次から次へと、大手や名門の会社が潰れていきます。これには、自分一人の力では、いかんともしがたいものがあります。

そのため、「幸福の科学では、『自分の心は百パーセント支配することができる』と教えているけれども、そんなのは嘘《うそ》だ。うちの会社は潰れたではないか。どうしてくれるんだ。こんな大きな会社が潰れるとは思わなかった」と文句を言う人もいるかもしれません。

実際、従業員が何千人も何万人もいる会社、あるいは、もっと大きな会社が、突如《とつじょ》、潰れることがあります。経営陣《じん》の失敗もあるでしょうが、環境《かんきょう》要因として、世界的に大不況が起きたような場合には、それを政府に「どうにかせよ」と言っても、どうにもならないでしょう。

そのような場合には、人のせいにし、恨《うら》む心が出てきます。確かに、環境そのものには、自分の力ではどうにもならない面があるかもしれません。ただ、「その事実をどのように捉《とら》え、今後、どのように考えて、行動するか」ということは、自分自身の力によるものです。

また、不況期は、新しい起業家が出てくる時代であり、新しい産業が起きてくる時代でもあります。次の時代の大会社になるところが不況期には出てきます。不況期を生き延びて強くなった会社が、次に大きくなっていくのです。

逆に、大会社であっても、不況期になると潰れていくものもあります。それは非常に残念なことであり、諸行無常《しょぎょうむじょう》を感じますが、その会社が永遠に大会社であり続けることが、必ずしもよいわけではありません。「新しいものが大きくなり、新陳代謝《しんちんたいしゃ》をしていく」ということが、全体から見た流れであり、それは、ある程度、しかたがないことなのです。

昨夏、消費税廃止《はいし》を訴《うった》えた幸福実現党の真意

大会社の例を出さなくても、街を歩いてみれば、レンタルの小さな店舗《てんぽ》がどんどん潰れて、入れ替《か》えが進んだり、貸店舗の看板が出たりしています。

最近も、ある大手百貨店の支店の売り上げがピーク時の六十パーセント以下まで下がったため、その支店は閉店することになりました。

これは、不幸なことであり、残念ではありますが、四割も売り上げが落ちたら、やはり、人員整理だけでは済まなくなります。損をずっと出し続けるわけにはいかないので、「店を閉めたほうがよい」ということになります。

昨年（二〇〇九年）の衆院選で、もし、幸福実現党が政権を取ることができ、その公約どおり、消費税を廃止《はいし》していたならば、そういう小売系の企業《きぎょう》は息を吹《ふ》き返した可能性があるのですが、もはや手遅《ておく》れのレベルまで来てしまいました。

こうなることを見越《みこ》して、「消費景気を起こさなければいけない」と言っていたのですが、もう救えません。

これから、老舗《しにせ》の大手企業がどんどん倒《たお》れていく時代になっていき、失業者が大量に出てきます。それに対して補助金をたくさん出せば、国の財政赤字も大きく膨《ふく》らんでいきます。そして、最後には国が潰れます。

今、このような順序で事態が進んでいるのです。

そういうマクロの面については、それに対応できるような団体や組織などが戦うべきですが、個人のレベルで考えるかぎり、そうした浮《う》き沈《しず》みは、この世の常《つね》であるのです。

例えば、海で起きる波そのものを完全になくしてしまうことはできませんし、雨の日や風の日や台風の日を完全になくすこともできません。そのなかで、どのように生き抜《ぬ》くかを考えなければいけないのです。

ミクロの面においては、不況のなかで、自分自身をどのように運営し、上手《じょうず》に危機を切り抜け、天国的な人生へと持っていくかを考えなければなりません。

不況期は成長するチャンスでもある

そういう状況《じょうきょう》のなかで、悪魔祓《あくまばら》い師《し》として悪霊撃退《あくれいげきたい》をしなければならないわけですが、悪霊や悪魔に狙《ねら》われている人は、心のなかに、それらを引き込《こ》むものを何か持っていることは事実です。

その「引き込むもの」とは、前述したように、一種の暗い想念なのです。その想念自体の起源に関しては、必ずしも自分が悪いからだけではないかもしれません。会社の経営陣の責任であったり、国の責任であったり、いろいろな場合があるでしょう。

例えば、政府が、「公務員を一律に×割削減《さくげん》する」などと決めたら、強制的に、削減する人数の割り当てが来る場合があります。あるいは、前述した巨大《きょだい》デパートのように、「店舗を閉鎖《へいさ》する」と決められたら、その店に勤めることはもうできなくなります。「私の売り場では利益があがっていた」といくら言っても、閉鎖を止《と》めることはできません。

こういうときに大事なことは、やはり「考え方」なのです。「不況期や倒産《とうさん》のときに、どういうことが起きて、人々がどう動いていくのか。そして、どのようなところが生き延びて発展していくのか。次に自分に必要な能力や態度は何なのか」ということを考えて、自分自身を成長させるチャンスにしていくことが大事です。

そういう部分については、自己責任がないわけではないということです。

例えば、一九二九年にはアメリカ発の世界大恐慌《だいきょうこう》が起きましたが、このときに大金持ちになった人だっています。

大恐慌が始まる直前には、アメリカの株価はかなり高くなっていました。そのときに、のちのケネディ大統領の父親が、靴磨《くつみが》きの少年に靴を磨いてもらっていたところ、その靴磨きの少年が、「今、株が儲《もう》かりますよ。この時期に株を買わなければ損ですよ」と言って勧《すす》めたそうです。

ケネディの父親は、「靴磨きの少年が株を勧めるようでは、もう株は駄目《だめ》だ。株価の上昇《じょうしょう》は終わった」と見て、全株を売り払《はら》ったため、その直後に起きた株価暴落による損害をまったく被《こうむ》ることなく、巨額《きょがく》の富を得ることができました。それによってケネディ家の資産ができたようです。

「靴磨きの少年までが株の話をするようになったら、もはやピークは過ぎた」と判断した、ケネディの父親は、なかなか賢《かしこ》いと言えます。

そのように、いつの時代でも、危機を敏感《びんかん》に察知して切り抜ける人はいるわけです。

また、不況になると、あらゆるものが縮小していきます。何でも買い控《ひか》えをして、小さく小さくなっていきます。しかし、不況のときに投資をするような企業が、大きくなっていくところなのです。

不況期には物の値段が安くなるので、「物の値段が安いときに投資をし、好況期に業容を拡大する」ということのできる企業が、実は、いちばん強いところなのです。

したがって、世間と同じ動きをすることが必ずしもよいわけではありません。不況期は、いろいろなことを勉強するチャンスでもあると思います。

二宮尊徳《にのみやそんとく》に学ぶ、創意工夫《くふう》の大切さ

私はマルクス主義的な考え方を批判していますが、マルクス主義からは、人のせいにする考えが必ず出てきます。マルクス主義には、「貧しく、生活が苦しいことを、すべて人のせいにする」という面があります。

確かに、国家の運営が悪ければ、国民が貧しくなることもありますが、ただ、そのなかにおいても、やはり、人によって違《ちが》いはあるのです。

そういうときは二宮尊徳《にのみやそんとく》の例を思い出していただきたいのです。

二宮尊徳は、少年のころに伯父《おじ》の家に預けられていましたが、ある夜、菜種油で灯《ひ》をともし、本を読んでいたら、伯父から叱《しか》られました。

「夜、本を読んで勉強していた」というのは、今であれば、普通《ふつう》は、「よしよし、よく頑張《がんば》っている」と言って、ほめられることでしょう。

もし、「電気代がもったいないから、夜六時以降は電灯を消して寝《ね》なさい。朝、太陽が昇《のぼ》ってから勉強しなさい」などと言われたら、節約にはなりますが、とてもケチな感じがします。

ところが、「菜種油がもったいない」と怒《おこ》られた二宮尊徳は、自分で空き地を耕して菜種を植え、穫《と》れた菜種を菜種油と交換《こうかん》して、読書を続けたのです。二宮尊徳は「資本主義の精神」のような人です。そういう人も世の中にはいるわけです。

したがって、周りのせいにすることは必ずしも正しくありません。例えば、「夜、本を読んではいけない」と言うような伯父は、悪魔のように見えるかもしれませんが、それを創意工夫《くふう》で切り抜ける方法がないわけではありません。

その意味では、「会社が倒産してしまうまで、そこに居残ったのは、見識がなかった」という考えもあるのです。

世の中が暗いときこそ、「明るい心」を

悪霊の発生原因は、失敗を人のせいにする心です。それから、人を恨む心、呪《のろ》う心、人の不幸を望む心です。

誰《だれ》であっても、例えば、「他《た》の人の悪口を言う。恨む。被害妄想《ひがいもうそう》で、いろいろ

なことを言う。他の人をうらやましがる。ひがむ。他の人に嫉妬《しっと》し、足を引っ張る」というような人と、友達《ともだち》付き合いを長く続けることは、つらいでしょう。

実際に厳しいですし、住む場所を分けてほしくなります。この「住む場所を分けてほしい」という気持ちが、実は、天国と地獄《じごく》が分かれてきた理由なのです。

しかし、そういう地獄的な人間が、この世で多数派になってくると、そちらのほうが当たり前になってしまい、天国的な考え方をする人のほうが少数派になって迫害《はくがい》されることも、現実にはあります。

このへんが、この世とあの世で論理が必ずしも一致《いっち》しないところです。

今年（二〇一〇年）の二月から、当会の新しいラジオ番組「元気出せ！ ニッポン」が始まりましたが、その一回目のゲストとして、評論家の日下公人《くさかきみんど》氏が出演しました。

その番組のなかで、日下氏は、ややヘソ曲がりな言い方ではありますが、「『世の中は暗い』と言われているけれども、暗くならないためには、新聞を読まないことです。新聞には、だいたい、悪いことしか書かれていないので、新聞を読むと暗くなり、元気がなくなります。読まなければ元気になるのです。実際は、高給取りのマスコミの人たちが、収入が少なくて気の毒な人たちに同情するふりをして、自分たちの罪悪感から逃《のが》れているだけなのだから、そんなものは読まなければよいのです」というようなことを言っていました。

このように、天国的な考えと地獄的な考えとは、水と油のような関係になりやすいのですが、人間には仏性《ぶっしょう》があるので、「何が天国的な考え方であるか」ということは、ある意味で、すでに分かっていることではあるのです。

とにかく、不況期など、いろいろと苦しいことがあるなかで、頭角を現し、人に認められ、成功していこうとするならば、やはり、努力して〝逆の心〟を出し、勇気を奮い起こさなければいけません。「他の人が暗い気持ちに沈んでいるときに、自分は明るい心を持ち、明るい光をともす。他の人が落ち込んでいるときには、励《はげ》ましの言葉を出す」ということが大事です。

それから、「これで、もう駄目だ」と思ったときに、もう一頑張りをして、「何とか工夫ができないか」、あるいは、逆転の発想で、「普通はマイナスとされることのなかにプラスの芽が潜《ひそ》んでいないか」を考えることが大事です。

「苦は楽の種、楽は苦の種」とよく言われますが、本当にそのとおりです。「今、非常に苦しい」と思っていても、それが「楽しみの種」になることが多く、逆に、「今、非常に楽しい」と思っていても、それが「苦しみの種」になることも多いのです。

そういうことは過去の歴史においても数多くあったことなので、よく知らなければいけません。

5　エクソシストの真実

悟《さと》りが高まると、あの世の霊《れい》を説得する力が出る

さまざまな霊《れい》現象を見て私が感じたことは、「『これが人間の姿か』と思うようなものが数多い」ということです。

そのなかでも、特に、死後の生存を信じていなかった人たちへの説得は、非常に難しいものがあります。

そういう人たちは、この世で生きていたときに、いくら言われても、聞く耳を持ちません。「あの世などない。霊などない。そういうものは非科学的だ」「魂《たましい》というのは、脳の作用、神経の作用にすぎない」「魂というのは遺伝子のことなのだ」などと言うような人が、世の中にはたくさんいます。

彼らを説得することは、この世においても大変ですが、あの世では、もっと大変になります。こういう確信犯的な人は、そう簡単には救えません。

しかし、死後の生存を積極的に否定せず、普通《ふつう》の人間として生きた人で、「心の持ち方、心の運転を誤ったために、人生で〝事故〟を起こした」という人の場合は、救っていくことができます。まず、救える者から救っていくことが大事なのです。

宗教家は、エクソシストを目指す者でもありますが、自らの悟《さと》りが高まるにつれて、いわゆる「六大神通力《じんつうりき》」が開《ひら》けてきます。ある程度、目覚めてくると、「法力《ほうりき》」がついてくるのです。

法力がついてくると、この世の人間であっても、あの世にいる者を説得する力が、ある程度、出てきます。言葉に光が宿ってくるのです。

したがって、生と死の秘密、人生の真実を知ることが大事です。「なぜ地獄《じごく》に行き、なぜ天国に行くのか」という違《ちが》い、そのルールを知っていることが大事なのです。

これは、幸福の科学の仏法真理《ぶっぽうしんり》の書籍《しょせき》など、知識的なものによって仕入れることができますが、それも悟りの一種ではあります。まず、それを使わなければいけません。

悪魔《あくま》とは積極的にかかわってはならない

通常の不成仏霊《ふじょうぶつれい》の場合は、説得が可能です。一時間ぐらいでは、なかなか分からないことも多いのですが、説得すると少しずつ分かってきます。

しかし、悪魔《あくま》のたぐいになると難しいのです。

悪魔というのは、千年、二千年、あるいは、それ以上の長い年月、地獄にいて、歴史上のさまざまな宗教に入って惑《まど》わしてきた者なので、宗教について、ものすごくよく知っています。

そのため、説得されて分かったようなふりをしたり、恭順《きょうじゅん》の意を表《ひょう》したり、

「弟子《でし》にしてくれ」と言ったり、涙《なみだ》を流したりすることもありますが、彼らは、演技で嘘《うそ》をつくことができるのです。こちらに慢心《まんしん》があると、嘘を見抜《みぬ》けず、完全に騙《だま》されてしまいます。

彼らは、態度がコロッと変わって、そのときだけ、説得されたように見せますが、実は、まったく改心などしていません。積極的に妨害《ぼうがい》するつもりで狙《ねら》っているのです。

悪魔のたぐいを説得することは本当に難しいので、悪魔とは、あまり積極的にかかわることは勧《すす》めません。かかわらないのがいちばんです。

悪魔はヤクザや暴力団と同じです。例えば、この世でも、「〇〇組の本部に乗り込《こ》んでいって、彼らを説教する」などと言ったら、普通の人は、「やめておいたほうがよい」と言うでしょう。「いや、おれは、空手、柔道《じゅうどう》、剣道《けんどう》を合わせて十段だから、大丈夫《だいじょうぶ》だ」と言って乗り込んでいっても、生きて出てこられる可能性は低いので、好んで行くようなものではありません。やはり、〝敵地〟には、それなりに厳しいものがあります。

悟りのようですが、悟りのチャンスが与《あた》えられた者を一人ひとり救っていくことは比較的《ひかくてき》易しいのですが、敵地で相手を丸ごと折伏《しゃくぶく》するのは、そう簡単なことではないのです。

邪教《じゃきょう》に入信すると、〝通路〟ができる

現在では、唯物論《ゆいぶつろん》系の敵地というか、悪霊《あくれい》・悪魔の集合地もありますし、宗教のなかにも、やはり間違《まちが》ったものの集団があります。

例えば、「うちの教団には霊能者が何千人もいる。如来《にょらい》が何百人もいる」というようなことを吹聴《ふいちょう》している教団もあります。そういうところにコロッと騙されて、高いお金を払《はら》って通《かよ》っている人もたくさんいます。

しかし、現実に、何千人も霊能者が出たり、何百人も如来がいたりするようなことは、ありえないことです。

私の著書《ちょしょ》の『太陽の法』や『黄金の法』（いずれも幸福の科学出版刊）を読めば分かるように、如来といわれるのは、そうとうな実績のある人であり、めったに地上に出るような存在ではありません。菩薩《ぼさつ》であっても、この世でそうとうの実績を出した人でなければ、そう簡単にはなれません。

したがって、簡単に如来や菩薩になれると言っている教団については、おかしいと思ったほうがよいのです。

また、何かのツール（道具）を使えば、簡単に如来や菩薩になれるという理論を組み立てているところも、おかしいと思ってください。「この道具を使えば、必ず、光の天使や菩薩のような業《わざ》ができる」ということを言う宗教は、危ないと見てよいでしょう。

そういうところへ行って、高いお金を払っている人はたくさんいますが、今まで私が見てきた経験から言うと、そういう教団にどっぷりと浸《つ》かった人の場合は、悪霊や悪魔との〝通路〟が完璧《かんぺき》にできてしまっているので、その〝道〟を閉じるのは極《きわ》めて難しいのです。

昨年（二〇〇九年）秋に公開された映画「仏陀再誕《ぶっださいたん》」で言えば、主人公の敵方の邪教団《じゃきょうだん》である「操念会《そうねんかい》」のようなものです。そういう邪教団は、悪霊の巣窟《そうくつ》になってしまっているので、もはや、いかんともしがたいものがあります。

そうとうの数の人が集まり、教団のなかで「悪霊の生産工場」をつくっている場合は、簡単にはいきません。これに対抗《たいこう》するためには、ある程度、「法」を説くことによって多くの人に光を広げ、「組織」をつくって護《まも》ることが必要であり、個人レベルで対抗することには難しい面があります。

悪魔は、論理的におかしいことを言う

幸福の科学では、「仏《ぶっ》・法《ぽう》・僧《そう》の三宝《さんぽう》への帰依《きえ》」ということを説いていますが、悪霊を撃退《げきたい》するに当たっては、やはり、自分一人で戦わないほうが有利です。「仏と、仏の説かれた法と、仏のつくられた僧団《そうだん》（サンガ）と一体になって、悪

霊・悪魔と戦う」ということが大事です。

こういうスタイルをとらずに個人で戦うと、やられてしまうことがあります。例えば、幸福の科学の会員をやめて離《はな》れていった人のなかには、少し霊体質になって、「霊が降りる」と言っているような人もいます。しかし、そういう人のなかには、明らかに悪魔が入っていると思われる人がいます。

ただ、そういう人は、ときどき、論理的におかしいことを言うので、それが分かるのです。やたらと悪魔礼賛《らいさん》を始め、「堕《だ》天使と言われているルシフェルは、本当は、よい天使なのだ」ということを言い出したりします。

それは、「その人に悪魔が入っている」ということを意味します。悪魔が入っているから、そういうことを言うわけです。そして、「ルシフェルは、もともと天使だったのだから、あんなに偉《えら》いのだ」などと言ってみたりするのです。

歴史上の人物には、本当に偉い人もいれば、非業《ひごう》の死を遂《と》げて怨霊《おんりょう》になっている人もいます。暗殺された人のなかにも、天使になっている人と怨霊になっている人の両方がいるので、このへんの見分け方には、なかなか難しいものがありま す。

しかし、基本的には、「自分自身の心をコントロールして、いつも天国波動をつくり出すことができなければ、人を導くことは難しい」ということです。

救済の業《わざ》は、そう簡単なものではないのです。

特に、霊現象に不慣れな人が初めて霊現象を見た場合は、邪教団の霊現象であっても、それを体験すると信じてしまうことが多いのです。

麻薬《まやく》類による霊体験は危険

また、ＬＳＤ系の麻薬《まやく》を使用すると、一種の意識変異を起こして、擬似的《ぎじてき》な霊現象、体外離脱《りだつ》現象のようなものを体験することがあります。

実際に霊界《れいかい》を見ている場合もありますが、おそらく、肉体と魂をつなぐ「霊子《れいし》線《せん》」の部分が麻痺《まひ》して、魂が遊離《ゆうり》しやすくなるのではないかと思います。それで霊界を見ることもあるわけですが、天国的な世界を見る人はよいとして、地獄的な世界を見る人もそうとういます。

麻薬類は、幽体《ゆうたい》離脱などを促進《そくしん》する効果があるため、インドのヨガの修行者などもときどき使っています。タバコを吸っているのかと思ったら、実は、麻薬を吸っていたということがありますが、やはり霊体験らしきものをするようです。

古代のシャーマンも麻薬類を使っていたことがあるので、一概《いちがい》に否定はできませんが、ある程度、危険性は高いと見てよいでしょう。

いずれにしても、まず、天上界《てんじょうかい》の「光の感覚」をつかまなければいけません。そして、その光の感覚でもって、柔《やわ》らかに相手を照らしていくことが大事なのです。

炎熱《えんねつ》地獄の熱さを天国の光と勘違《かんちが》いする人がいる

前述した霊能系の教団のなかでも、確かに、その〝業《わざ》〟を受けると体が熱くなるように感じるものもあります。

ところが、その熱さは、温かい熱さではなく、実は、じりじりと焼けるような熱さなのです。私もその感覚を実体験したことがありますが、これを天国の光だと勘違いしてしまう人がいるのです。

一般的《いっぱんてき》に、地獄には、光が当たらず、暗くて寒い、「寒冷地獄」が多いのですが、なかには「炎熱《えんねつ》地獄」「焦熱《しょうねつ》地獄」もあります。そのように、熱を持っている所があるのです。

これは熱が滞留《たいりゅう》しているのかもしれません。例えば、冷蔵庫は、内部を冷やして、裏側から熱を発散しています。同じように、地獄界においても、ある所はとても冷えていても、別の所には熱が溜《た》まっているのかもしれません。このへんを科学的に解明することは難しいのですが、地獄には寒冷地獄と炎熱地獄の両方が現実にあるのです。

寒冷地獄のほうは、「ここは地獄だ」ということが分かりやすいかもしれません。実際に、地獄霊がやってきたときには、ぞくぞくと寒気《さむけ》がしたり、部屋《へや》の気温が下がってきたりするので、明らかに分かります。

ところが、炎熱地獄の霊がやってきた場合は、それを天国霊と間違う人がたまにいるので、気をつけてください。じりじりと焼けるような熱さを感じる場合、その熱のもとは、憎悪《ぞうお》の炎、怒《いか》りの炎なのです。

よく「憎《にく》しみの炎」と言いますが、その言葉どおりです。その熱さは、怒りや憎しみの炎から来るものなのです。

それを見破るには、やはり、「穏《おだ》やかな心」が必要です。穏やかで鏡のような心をつくらなければいけません。そうしないと、天国霊なのか地獄霊なのかが分からないことがあるのです。

6　三宝《さんぽう》に帰依《きえ》し、「仏《ぶっ》・法《ぽう》・僧《そう》」と一体となって戦う

幸福の科学の三帰《さんき》信者であれば、基本的には、仏法真理《ぶっぽうしんり》の教学と、『仏説《ぶっせつ》・正心法語《しょうしんほうご》』の読誦《どくじゅ》、『祈願文《きがんもん》①』の「悪霊撃退《あくれいげきたい》の祈《いの》り」等で、エクソシストとしての活動を行うことは可能だと思います。

ただ、その人の悟《さと》りに合わせて法力《ほうりき》は強くなってくるので、日頃《ひごろ》の教学、精進《しょうじん》が連動すると考えてください。

在家の信者でも、よく勉強し、修行している人には、『仏説・正心法語』などを読誦するだけで、簡単な悪霊であれば、憑《つ》いているものを取る力はあると思います。真理の話をして、「正心法語」のCDをかけるだけでも、悪霊を取る力があるでしょう。

ただ、そうした普通《ふつう》の地獄霊《じごくれい》、不成仏霊《ふじょうぶつれい》の背後には、悪魔《あくま》や魔王《まおう》などが控《ひか》えていることもあります。

この世のヤクザでも、小者だと思って相手をしていたら、その後ろに親分が控えている場合があるように、悪霊の場合も、悪魔や魔王とつながっていることがあるので、あまり図に乗って相手をしていると、自分が敵《かな》わないような強い相手が出てき始めるので、気をつけなければいけません。

悪霊外しや悪魔祓《ばら》いは、ある程度、個人でもできないことはありませんが、なるべく幸福の科学の支部や精舎等《しょうじゃ》で行《おこな》ったほうがよいと思います。

その場合、悪魔の側は、「仏《ぶっ》・法《ぽう》・僧《そう》」を相手にして戦わなければいけなくなるので、向こうも正規軍《せいきぐん》でないかぎり互角《ごかく》には戦えません。こちらが教団全部とつながっていると、向こうは個人戦ではとても敵わなくなるのです。

「三宝《さんぽう》に帰依《きえ》する」「三帰誓願によって仏・法・僧とつながる」ということは、自分の身を護《まも》り、他《た》の人に憑いている悪霊《あくれい》を外し、悪魔祓いをする上での力になるのです。「仏・法・僧と一体になって対抗《たいこう》する」ということであれば、強い力を発揮できます。

そういう意味で、三帰信者になると、エクソシスト能力も一段と高まってくると思います。さらに、出家修行者においては、その修行の度合いに応じて力が変化してきます。

修行者が転落する原因は、「貪《とん》（貪《むさぼ》り）・瞋《じん》（怒《いか》り）・癡《ち》（愚《おろ》かさ）」の「心の三《さん》毒《どく》」、あるいは「慢《まん》（慢心《まんしん》）・疑《ぎ》（疑い）・悪見《あっけん》（間違《まちが》った見方）」を含《ふく》めた「六大煩悩《ぼんのう》」です。たいていは、このどれかに引っ掛《か》かっています。悪魔に、これで引っ掛けられて、やられることがあるのです。自分だけでなく、仲間が〝弾《たま》〟に当たることもあるので、気をつけたほうがよいと思います。

特に、宗教家の場合は、やはり、「慢」のところに引っ掛かることが多いようです。修行をしていく過程で、慢心してくることが多いのです。

霊体質の人も、気をつけないと、慢心することがあります。慢心していると、

「敵のほうが強くなれば、自分がやられてしまう」ということが分からなくなるのです。弱いものを相手にしているときは、それを飛ばせていたのに、やがて、飛ばせないものが現れてきます。そして、今度は自分のほうにズボッと入られ、やられてしまうことがあるのです。

したがって、エクソシストとしての活動を行う場合、基本的には、三宝帰依によって組織戦に持ち込《こ》んだほうがよいと私は考えます。

〔注〕『松下幸之助　日本を叱《しか》る』『龍馬降臨』『「宇宙の法」入門』（いずれも幸福の科学出版刊）として刊行された。

第2章

質疑応答

［二〇一〇年一月二十七日説法］

1　悪魔《あくま》との戦い方

【質問】

大川隆法総裁の御著書《ごちょしょ》『仏陀《ぶっだ》の証明』（幸福の科学出版刊）などでは、「悪魔は個人主義でバラバラなので、組織戦ができない」ということが説かれています。

ただ、幸福の科学に対する悪魔の攻撃《こうげき》のなかには、彼らが組織を組んで攻撃してきたこともあったように思います。それについて教えていただければ幸いです。

大きな悪魔は組織をつくることがある

『仏陀の証明』にも書いてありますが、原始仏典には、釈迦《しゃか》の言葉として、「悪《あく》魔《ま》の軍隊」について触《ふ》れているものがあります。

「第一の軍隊は『欲望』で、第二の軍隊は『嫌悪《けんお》』である」というように、悪魔には何通りかの攻め手《せ》があって、それらが悪魔の軍隊として攻めてくるということが書かれています。

ただ、組織的な攻撃が可能なのは、大きなサタン（魔王《まおう》）がいる場合でしょう。一般《いっぱん》に、悪魔たちは、お互《たが》いに攻撃し合っているような仲なので、そう簡単に組織は組めないのです。しかし、大きなサタンが目的を持って攻撃を仕掛《しか》けてくるときには、ある程度、組織的に攻めてくる場合はあります。

そのように、一定の狙《ねら》いを持って攻撃してくる場合には、それを打ち破るには力が要《い》ります。

例えば、最近、某党《ぼうとう》の幹事長が、「宗教法人に税金をかけたら何兆円も取れるのではないか」と言ったりしています。

そのように、悪魔が入りやすい〝大きな器《うつわ》〟があると、そこにズボッと入ってきます。そうすると、「その人の指導能力、あるいは人を使える能力に見合った数の子分を使える」ということが現実にあります。

昔の戦国武将は戦《いくさ》で多くの人を殺しましたが、彼らのなかには、光の天使系の人もいれば、地獄《じごく》の悪魔になった人もいます。確かに、人を大量に殺した場合には、地獄へ行っているケースが多いのですが、「地獄において、どれだけの人を動かせるか」ということは、ある程度、念力（念の力）の強さと関係があるのです。

この世でも、チンピラや小悪人などは個人個人でバラバラに動いていますが、暴力団の組長の場合は、数千人から万の単位の人を組織することがあります。同じように、地獄の悪魔の場合も、組織をつくることがたまにあります。

トップのほうに、名のある悪魔がいて、指導力があるような場合には、まれに組織戦を挑《いど》んでくることがあります。「天下分け目の関ヶ原《せきがはら》」のような、大きなチャンスと見た場合には、組織を組んで攻めてくることがあるのです。

悪魔は、搦《から》め手で、弱いところを狙《ねら》ってくる

ただ、悪魔の一般的な攻撃の仕方を見るかぎり、真正面から攻めてくることは非常に少なくて、たいてい搦《から》め手から来ます。搦め手、勝手口のほうから来るような攻め方が多いのです。

これを見ると、やはり、正規軍《せいきぐん》による組織戦は、あまり得意ではないことが分かります。そのように、弱いところをいつも狙ってくるのです。

例えば、ライオンは、草食動物の群れのなかで、足が遅《おそ》くて一匹《ぴき》だけ遅《おく》れているものや、病気のもの、少しはぐれた子供などをまず襲《おそ》ってきます。

群れが円陣《えんじん》を組んで、「ライオンが近づいたら、後ろ足で蹴《け》る」というような

スタイルをとると、ライオンは寄ってこないのですが、群れからはぐれたものを狙うのがライオンの攻撃の基本パターンなのです。

戦争のときに潜水艦《せんすいかん》が狙うのも、やはり、艦隊《かんたい》からはぐれているような船であり、それが基本的な攻撃パターンです。

これは、いわゆる「ランチェスター法則」にも合っていて、科学的な戦い方です。ランチェスター法則というのは、現代的な〝競争の科学〟であり、簡単に言うと、「強い者と戦うな。弱い者と戦え」ということです。

「人間には、すぐ、強い者と戦おうとする傾向《けいこう》があるが、強者というのは『目標』であって『ライバル』ではないのだ。まず、足下《そっか》の敵をたたくべし。自分より弱い者をたたけば、そのシェアを取れるのだ」ということが、ランチェスター法則では言われています。

ランチェスター法則は、もともとは航空機の戦闘《せんとう》における法則です。有名なものに、「三対一の法則」というものがあります。これは、例えば、「ゼロ戦がいくら強くても、グラマン三機で囲めばゼロ戦一機を落とせる」というものです。

三対一であれば、〝弱い者いじめ〟のようなかたちになるわけです。

ちなみに、学校でのいじめにおいても、たいていの場合、一人のいじめられっ子に対して、五人あるいは十人で組み、大勢《おおぜい》でいじめを行います。一対一ではやりません。一対一なら正々堂々の戦いですが、たいていは、「五人、十人で組んで、一人をいじめる」というやり方をして、弱い者一人を攻撃するのです。

これも、ある意味で、ランチェスター法則です。

そのように、ランチェスター法則を使っているわけです。

世間一般においても、勝てる可能性が高い法則として、けっこう使われているのです。

同様に、悪魔も、当会の弟子の集団のなかで、何か悩《なや》みがある人や、疑問を持っている人を攻めてきます。教えについては疑問がなくても、それ以外の部分、例えば、「経済的に困窮《こんきゅう》している」「病気をしている」「家族に不幸があった」など、何か心に引っ掛《か》かるようなことがあったときに、その部分を攻めてくるのです。

群れからはぐれた草食動物を狙うライオンのような戦い方をするわけです。

基本的に、正々堂々の陣で戦うのではなく、搦め手から攻めるか、卑怯《ひきょう》な戦い方をするか、そうした、大勢で寄ってたかって小さいものを潰《つぶ》しにかかるようなかたちの戦い方をします。横綱相撲型《よこづなずもうがた》の戦い方は、やはり少ないのです。

悪魔の攻撃を防ぐ方法とは

悪魔が横綱相撲型で真っ向からぶつかってくるのは、「降魔成道《ごうまじょうどう》」のような場合です。

例えば、仏陀が悟《さと》りを開くときに、悪魔は、悟りを開かれると困るので、その悟りを妨害しようと全面的にぶつかってきます。そのように、「悟りの前夜」に横綱相撲型でぶつかってくるようなことはありますが、いつもそのように攻めてくるわけではありません。

おそらく、地獄界にも〝仕事〟はあって、地上の会社のように、彼らも、いろいろとあちらで忙《いそが》しいのではないかと思います。子分たちが、「親分、これは、どうしたらいいんでしょうか」と訊《き》いてきたりして、いろいろと〝決裁〟の仕事が忙しいのかもしれません。

そのため、悪魔が地上においてあまり長く戦うのは無理なようです。悪魔は、「おまえは、こいつの担当だ」と言って子分を張り付けたりし、長期的に戦うのは子分の仕事になっているのではないかと思います。

ただ、天上界《てんじょうかい》の天使たちに比べれば、やはり結束力は弱いし、いつも、「弱い者いじめ型」の戦い方、勝手口から攻めてくるような戦い方をします。弱っているところを狙うのです。

したがって、悪魔の攻撃から組織を護《まも》るためには、逆に、弱いところをつくらないように考えていけばよいわけです。

逆の発想で、「組織のどこに弱点ができるか」を考え、あらかじめ、その弱点のところの〝水漏《も》れ〟を防ぎ、また、「群れからはぐれて狙われるのを防ぐには、どうすればよいか」ということを考えておくことが大事です。火事と同じで、小さな火を甘《あま》く見ていると、火が大きくなるようなことがあります。

このように、悪魔は、いつも搦め手から来ます。考え方が卑怯なのです。マスコミなどの戦い方にも、少し似たところがあります。特に小さなマスコミはそうです。他人の揚《あ》げ足を取るような戦い方、細かいことをついて大きいものを引っ繰《く》り返すような戦い方、物事の大小を考えないような戦い方をします。やはり、人間の持つ卑怯な面が一部に出ているように思います。

国家の指導者に悪魔が入った場合

また、悪魔は、念力の強い指導者のところに入った場合には、手下を使うことができるので、〝組織戦らしきもの〟をすることができます。

もっと規模が大きい場合には、ナチスのように国家レベルでやられることもあり、その結果、六百万人ものユダヤ人が殺されたりします。

あるいは、ポル・ポト政権下のカンボジアのように、二百万人が「されこうべ」になったりします。ポル・ポトに悪魔が入ったのは間違《まちが》いないでしょう。「光の天使は、いったい何をしているのだ。そういう人々を救えないのか」と思うかもしれませんが、仏教では、戦うことを教えていなかったために、どうにもならなかったところがあるかもしれません。

中国でも、文化大革命で何千万人もの人が死んだと言われていますが、そのようなことが起きる場合には、おそらく指導者に悪魔が入っているだろうと思います。

そういう状態が永遠に続くことはないのですが、一時期なら悪魔が国家を乗っ取ることも可能なのです。ここが悪魔との戦いにおいて難しいところです。政治的な指導者や、大きな組織を動かす人のところに悪魔が入った場合には、ある程度の組織を動かす戦い方ができる可能性があるのです。

アメリカのブッシュ前大統領も、最後のほうの時期には、「悪魔ではないか」と疑われた面もかなりありました。赤ら顔になり、赤鬼《あかおに》のように顔まで怖《こわ》くなっていました。確かに、権力の持つ魔力《まりょく》もあるので、途中《とちゅう》で変節する場合もあるでしょう。

そのように、悪魔が入った人間の社会的立場によっては、組織戦ができる場合もあるわけです。また、大きなサタンの場合、勝機と見て勝負をしてくるときには、動員をかけて大勢で攻めてくることはあるのです。

なぜ宗教に組織が必要なのか

ただ、一般的には、「勝手口から攻める」「はぐれた者を攻める」「弱い者いじめをする」というのが、悪魔の基本的なやり方であると考えてよいと思います。

これに対しては、組織で戦うことが大事です。

第二次大戦で、ドイツの潜水艦Uボートが、連合国の輸送船を無差別攻撃で次々と撃沈《げきちん》していったときに、連合国側は、「どうすれば被害《ひがい》を少なくできるか」を相談し、護送船団を組みました。

一隻《せき》ずつ航行したほうが被害が小さいようにも思いますが、それだと、発見された場合、簡単に沈《しず》められてしまいます。

そこで、「輸送船団を組み、その周りを駆逐艦《くちくかん》などの護衛艦隊で囲む」という護送船団方式を採り始めたら、Uボートが攻撃できなくなり、急に被害が減ったのです。

護送船団方式というのは、現在では、悪い意味で使われるようになりましたが、そういう大船団を組むことによって被害を小さくすることができるわけです。これが組織の意味なのです。

「宗教はよいけれども、組織は嫌《きら》いだ」という人もいるでしょうが、宗教の組織は、魔軍の攻撃から身を護るために必要なのです。「仲間がいれば、やはり強い」ということです。

悪魔の戦い方には、いろいろなバリエーションがありますが、基本的には、卑怯な戦い方が大好きだと言えます。

2　マイケル・ジャクソンの死後の行き先

【質問】

人間の死後の行き先についてお伺《うかが》いします。
最近、その死が話題になった人にマイケル・ジャクソンがいます。彼は世界的に人気があり、多くの人から愛された一方で、私生活においては非常に大変な状《じょう》況《きょう》にあったようですが、彼の「死後の行き先」についてお教えください。

マイケル・ジャクソンは芸術家系統の光の世界に還《かえ》った

月刊誌「ザ・リバティ」（幸福の科学出版刊）の記事になりそうな、マスコミ的な質問ですね。

それぞれの人間の内面までは、他《た》の人には、そう簡単には分からないものです。たとえ有名人であっても、内心のあり方はさまざまであり、死後の行き先もいろいろです。

例えば、ダイアナ妃《ひ》が死後どうなったかなど、いろいろと訊《き》いてみたいことはあるでしょう。

有名人としては、以前にも述べたことがありますが、ブルース・リーという、アクション映画でカンフーをやっていた世界的な俳優は、「死んだあと地獄《じごく》に堕《お》ちた」と人々から認められています。彼の幽霊《ゆうれい》が出てきたときに、ひどい悪臭《あくしゅう》が漂《ただよ》ったため、「地獄に堕ちたに違《ちが》いない」と言われたのです。

「カンフー自体が悪い」とまでは言えませんが、彼の映画は、かなり暴力的な内容だったので、単純に、暴力の波動と同通する意識しか持てなかったならば、そういう世界へ行くことはあるでしょう。ほかの部分で精神性の高みがあれば、死後の行き先は少し違っただろうと思います。

それで、「マイケル・ジャクソンが死後どうなっているか」ということですが、まだ調べていなかったので、今、調べてみましょう。

（約二十秒間の沈黙《ちんもく》）

この人は、いちおう大丈夫《だいじょうぶ》のようです。「スリラー」などの映像を見ると、やや怪《あや》しい感じもありますが、やはり、人々に喜びを与《あた》えた面のほうが大きかったようです。

また、本人は自分が黒人であることに劣等感《れっとうかん》を持っていたようですが、「黒人出身で世界的なスターになった」ということで、黒人の世界の「光」になった部分はあったようです。

そのため、彼は、現在、音楽や芸術家系統の神様の世界に入っていく道の途中《とちゅう》にいます。どのくらいの所まで辿《たど》りついているかというと、もう八合目ぐらいまでは還《かえ》っている感じです。

霊界《れいかい》には、音楽家、アーティストたちの世界があり、レベルはいろいろありますが、彼はかなり上のほうだと思います。現代の音楽なので、昔の音楽と単純に比較《ひかく》するわけにはいきませんが、どのレベルに相当するかというと……。

（約十秒間の沈黙）

けっこうトップクラスに近いあたりだと思います。

『黄金の法』に名前の出ている人や、霊言集《れいげんしゅう》（『大川隆法霊言全集』〔宗教法人幸福の科学刊〕）に霊言が収録されている人で言えば、ピカソやベートーベン、モーツァルトなどがいるような世界に還るようです［注］。

彼の場合は、音楽以外に、もう一つ、「黒人たちの光になった」という意味での功績があったことも理由でしょう。

黒人ということでは、オバマ大統領も黒人ですが、彼が政治家として大成するかどうかについては大きな疑問があります。彼は悲劇的な傾向性《けいこうせい》の強い魂《たましい》であり、彼が悲劇の大統領になる可能性は、確率的にはかなり高いと私は見ています。ただ、ある種の「光」ではあるでしょう。ややローカル色のある光ですが、この人も光ではあるだろうと思います。

光の天使にも、それ相応の「魂《たましい》の試練」がある

光の天使系統であれば、この世で必ず成功するかといえば、そうとは言えない面はあります。

例えば、光の天使と、天使ではない人とが、それぞれ大会社の社長を務めたとして、どちらがよい実績をあげるかというと、それは分からないところがあります。

天使が社長をしても、赤字をつくる場合もあるのです。会社の経営では、人が

よすぎると駄目《だめ》なこともあり、それなりの専門知識や技量は必要なのです。政治家もそうです。現代的には、それなりの力量や技術、知識が必要なところがあります。

したがって、光の天使であれば成功するとは必ずしも言えない面はあります。実際に、光の天使で暗殺された人は、過去、たくさんいます。「なぜ、坂本龍《りょう》馬《ま》を護《まも》ってやらなかったのか」「なぜ、西郷隆盛《さいごうたかもり》に、あんな死に方をさせなければいけなかったのか」など、いろいろと疑問はあるだろうと思います。

ただ、マクロの部分での動きと個人の魂《たましい》修行の問題、あるいは、人間として判断したことに対する責任の部分があるわけです。

西郷隆盛の場合、「士族を救いたい」という思いはありましたが、「世界的な流れから見て、どう考えるべきか」という判断にミスがあり、その部分については責任が生じるのです。現在は天上界に還っていますが、「一時期は反省をした」ということを本人がはっきりと言っています（『大川隆法霊言全集　第12巻』〔宗教法人幸福の科学刊〕参照)。

そういう意味で、光の天使でも、一時期、反省期を過ごすことはありうるわけです。

ただ、マイケル・ジャクソン自身は光の世界に還っています。あれだけの有名人になったので、晩年には、周りからの嫉妬《しっと》が渦巻《うずま》いたり、事件に巻き込《こ》まれたりしたこともありますが、「プラスの面とマイナスの面を比較衡量《こうりょう》すると、多くの人に夢と希望を与えた部分のほうが大きかった」ということでしょう。

ダイアナ妃も、この世的に見れば、やや〝はちゃめちゃ〟なところがあり、責められるべき点はあったと思いますが、世界の人々からずいぶん愛されたところがあるため、いちおう光の世界に還っているようです。

マザー・テレサも、「詐欺《さぎ》まがいのことをしてお金を儲《もう》けた会社から巨額《きょがく》の献《けん》金《きん》を受け取った」ということで、マスコミから追及《ついきゅう》されるなど、一時期、窮地《きゅうち》に立たされたことがありました。

このように、光の天使系だから、何の事件もなく、大過なく過ごせるかといえば、それほど甘《あま》くはなく、やはり、それ相応の「魂の試練」はあるのです。

マイケル自身は、光の世界に還っていて、レベル的には、芸術家系の魂としてはトップクラスの人の一人です。

［注］　ピカソは菩薩界《ぼさつかい》上々段階の梵天界《ぼんてんかい》、モーツァルトは菩薩界、ベートーベンは菩薩界下段階に還っている。『黄金の法』第1章参照。

第2部

第1章

悪魔《あくま》との対話

――悪霊《あくれい》現象とは何か

［二〇一〇年一月二十九日収録］

【本章に登場する霊人《れいじん》】

ルシフェル

いわゆる七大天使の一人であったが、約一億二千万年前、地上にサタンという名で生まれたとき、地位欲や物質欲等におぼれて堕落《だらく》、高級霊界に還《かえ》ることができず、地獄《じごく》の帝王《ていおう》となって地上に混乱を起こしている。ルシファーともいわれる。『太陽の法』第1章、『大川隆法霊言全集別巻1 ミカエルの霊言①』（宗教法人幸福の科学刊）第3章参照。

覚鑁《かくばん》（一〇九五～一一四三）

平安時代後期の密教僧《そう》。高野山金剛峯寺《こうやさんこんごうぶじ》の座主《ざす》であったが、やがて高野山を追われ、根来《ねごろ》にて新義真言宗《しんぎしんごんしゅう》を開いた。現在、悪魔《あくま》として密教系の邪教団《じゃきょうだん》を支配している。『黄金の法』第4章参照。

［質問者四名は、それぞれA・B・C・Dと表記］

1　地上の権力者に忍《しの》び寄る悪魔《あくま》
――ルシフェルとの対話

悪魔との対話には危険が伴《ともな》う

大川隆法　先般は、松下幸之助《こうのすけ》や坂本龍馬《りょうま》といった高級霊《れい》の霊言《れいげん》を公開でやってみせたのですが、一般のニーズとしては、悪霊《あくれい》や悪魔《あくま》のものも必要とされているかもしれません。

悪霊や悪魔について、みなさんは、私の説法や本のなかでは、聴《き》いたり読んだりなさっていると思いますが、実際にどんなものなのか、実物を見たことはないでしょうし、話を聴いたこともないでしょう。高級霊の霊言のほうは、勉強のために、DVD等で聴いた人もいると思いますが、地獄《じごく》側の者は、どんなことを言うのか、呼び出して聴いてみることにしたいと思います。

私だけが彼《かれ》らと対話をして、私からの一方的な説教になってしまっては、申し訳ないというか、〝ご招待〟した方に〝失礼〟に当たるかもしれないので、一般代表として、三人の質問者に来ていただきましたので、知りたいことや聴きたいことを、いろいろと質問してみてください。

途中《とちゅう》で、難しくなってきたり、危険になったり、「もうそろそろ、お引き取り願ったほうがいい」と思うときには、私のほうで、お引き取り願うようにいたします。悪魔を呼ぶことと、お引き取り願うことは、私のほうでやりますので、質問者のみなさんは、普通《ふつう》のインタビューのつもりで、聴きたいことを質問してくだされぱいいでしょう。本音のようなものを上手《じょうず》に引き出すとよいかと思います。

みなさんが霊的に対決して、たぶん勝てない相手です。したがって、こういうことは、幸福の科学の施設《しせつ》内であって、総裁がいる所でなければ、やらないほうが安全だと一般的《いっぱんてき》には言えますので、ご注意願いたいと思います。面白《おもしろ》半分で、いろいろな所でおやりにならないほうがいいでしょう。

では、リクエストはありますか。悪魔、もしくは著名な悪霊で、「話を聴いてみたい」というようなリクエストは何かありますか。

（会場から「ルシフェル」という声）

ルシフェルから行く？　重いよ。いい？　ルシフェルから行くか。（質問者たちに）いいかい？

では、ルシフェルから入れてみます。幸福の科学の立宗名誉補佐《りっしゅうめいよほさ》である大川きょう子は霊能者ですので、ルシフェルの霊を体に入れられると思います。ただ、若干《じゃっかん》、顔が怖《こわ》くなったり、言葉がきつくなったりはすると思われますけれども、大川きょう子本人の姿ではありませんので、それについては、お許し願いたいと思います。

（大川きょう子に）では、ちょっと手を合わせていただけますか。

（約十五秒間の沈黙《ちんもく》）

アバロサラスペルコバスペテカラカラカポコラシラペシペトロスタロタボアラキアカラシピカラポロアコ……。（古代インドのマガダ語を語り続ける）

敵に敬語を使われると居心地《いごこち》が悪い？

ルシフェル（以下、「ル」と表記）　ハア、やめい！（マガダ語が続く）やめい！やめろ！　やめろって言ってるだろうが！　黙《だま》れ！　ハア。やめろよ。何だって？おまえら、話が聴きたいって？　いいよ。言ってやろう。だから、その言葉はやめろよ。

大川隆法　名前を述べてください。

ル――　ルシフェルだ。

大川隆法　（質問者たちに）では、質問を。

A――はい。それでは質問させていただきます。
　ルシフェル殿《どの》におかれましては……。

ル――ばかじゃないか、おまえ。相手が誰《だれ》だと思ってんだよ(笑)。おまえに「殿」
で呼ばれる覚えはねえな。

A――はい。

ル――敵だろ?　おまえ、ばかか。

A――〝地獄の帝王《ていおう》〟としての力を……。

ル――うん?

A――この一億二千万年間、ずっと……。

ル――ばーか。(大川隆法に)おまえの弟子《でし》は、こんなばかなのか。敵だぞ。
敵に対して敬語使うばかがいるんか。ハッ。あほじゃねえか、こいつら。ハッ、
ハハ、ハッハッハッハッハ。(笑い声が続く)

A――一つ、どうしても教えてもらいたいんですけれども……。

ル――何だい？　ハッハッハッハッハッハッハ。こんなばかに何が訊《き》けるんだよ。ハッ、何だい？

A――特に……。

ル――何だい？　何だい？　あ、おまえは、おれの弟子か。

A――いえ、違《ちが》いますが。

ル――ハッハッハッハッハッハ。弟子でもねえのに敬語を使ってる。ばかだなあ、おまえら。

あー、いづらい所だ。

地獄の帝王がいちばん使ってきた力、その〝得意技〟とは

A――今まで、さまざまに、「光の天使を潰《つぶ》し、屠《ほふ》ろう」という〝殲滅《せんめつ》計画〟

を立て、実行してきたと思いますが、特に、〝得意技〟と申しますか、いちばん使ってきた力は何でしょうか。

ル――……知恵《ちえ》だよ。

Ａ――知恵ですか。

ル――知恵だよ。

Ａ――なんで知恵なんですか。ぜひ教えてください。

ル――ハッ。

Ａ――お願いします。

ル――知恵だよ。

Ａ――どういう知恵ですか。

ル――おまえら、どういう知恵ってねえ……。

A――ぜひ教えてください。お願いします。

ル――まあ、それを教えるほど、おれは、ばかじゃねえけどな。

A――アトランティスとかムーとかでも文明を滅《ほろ》ぼしたではないですか。

ル――いや、おれが滅ぼしたわけじゃないよ。

A――まあ、悪魔ベリアル（ベルゼベフ）の仕業《しわざ》かもしれませんが。

ル――違う、人間が自分で滅びたんだよ。

A――なぜですか。

ル――それはね、この地上世界は人間の世界だからさ。おれたち悪魔っていうのはね、人間とは話が合うんだよ。

A――どういうところで合うんでしょうか。ぜひ教えてください。

ル――それはねえ、現象界、この地上世界は、おれたちの世界に近いんだよ、

料金受取人払郵便

荏原支店承認

1052

差出有効期間
平成24年9月
30日まで
(切手不要)

1 4 2 - 8 7 9 0

4 5 6

東京都品川区
戸越1丁目6番7号

幸福の科学出版(株)
愛読者アンケート係 行

フリガナ お名前	男・女	歳
ご住所 〒 都道府県		
お電話 (　　) —		
e-mail アドレス		
ご職業	①会社員 ②会社役員 ③経営者 ④公務員 ⑤教員・研究者 ⑥自営業 ⑦主婦 ⑧学生 ⑨パート・アルバイト ⑩他 (　　)	

ご記入いただきました個人情報については、同意なく他の目的で使用することはございません。ご協力ありがとうございました。

愛読者プレゼント☆アンケート

『エクソシスト入門』のご購読ありがとうございました。今後の参考とさせていただきますので、下記の質問にお答えください。抽選で幸福の科学出版の書籍・雑誌をプレゼント致します。(発表は発送をもってかえさせていただきます)

1 本書をどのようにお知りになりましたか。

①新聞広告を見て［朝日・読売・毎日・日経・産経・東京・中日・その他（　　　　）］
②雑誌広告を見て（雑誌名　　　　　　　　）
③交通広告を見て（路線名　　　　　　　　）
④書店で見て　⑤人に勧められて　⑥月刊「ザ・リバティ」を見て
⑦月刊「アー・ユー・ハッピー?」を見て　⑧幸福の科学の小冊子を見て
⑨ラジオ番組「天使のモーニングコール」を聴いて
⑩幸福の科学出版のホームページを見て　⑪その他（　　　　　　　　）

2 本書をお求めの理由は何ですか。

①書名にひかれて　②表紙デザインが気に入った　③内容に興味を持った
④幸福の科学の書籍に興味がある　★お持ちの冊数＿＿＿＿冊

3 本書をどちらで購入されましたか。

①書店（書店名　　　　　　　　）②インターネット（サイト名　　　　　　　　）
③その他（　　　　　　　　）

4 本書へのご意見・ご感想、また今後読みたいテーマを教えてください。

(なお、ご感想を匿名にて広告等に掲載させていただくことがございます)

5 今後、弊社発行のメールマガジンをお送りしてもよろしいですか。

はい（e-mailアドレス　　　　　　　　）・いいえ

6 今後、読者モニターとして、お電話等でご意見をお伺いしてもよろしいですか。(謝礼として、図書カード等をお送り致します)

はい・いいえ

あなたは、この一冊に出会うために生まれてきた。

太陽の法

エル・カンターレへの道

創世記や愛の発展段階、悟りの構造、文明の流転、多次元宇宙の神秘を明快に、かつ体系的に説き明かした仏法真理の基本書。すでに6ヶ国語に翻訳され、全世界に愛読者を持つ現代の聖典。

2、100円

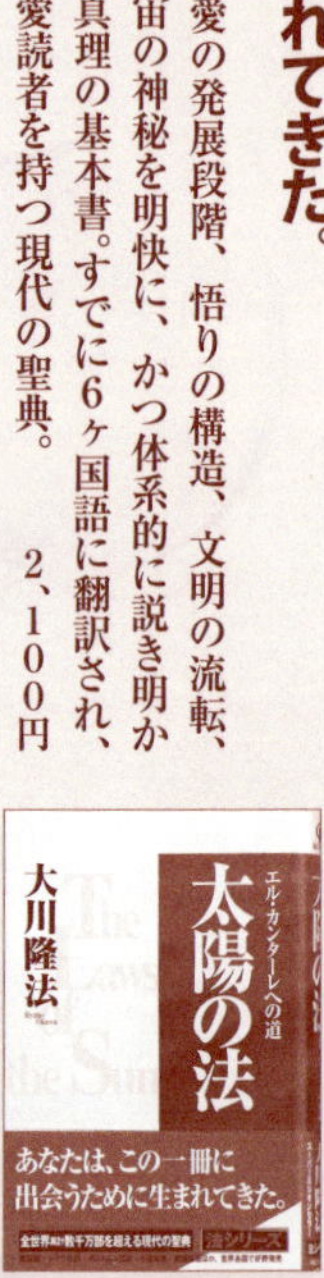

いま明かされる、仏の目から見た歴史の真相。

黄金《おうごん》の法

エル・カンターレの歴史観

あなたの常識を覆す、壮大なスケールで開示された過去・現在・未来の真実！　偉人たちの転生を西洋、東洋、日本に分けて解説し、人類の未来をも予言した空前絶後の人類史。

2、100円

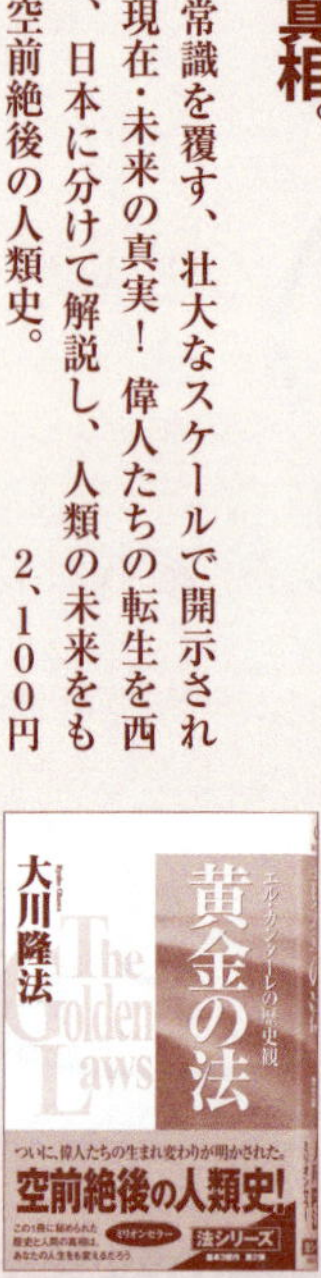

「あの世」のしくみが、すべて明らかに！

永遠《えいえん》の法

死後まもない人が行く世界から、神秘のベールの向こう側にある救世主の世界まで——。これまで隠されていた「霊界」の全貌を明らかにした衝撃

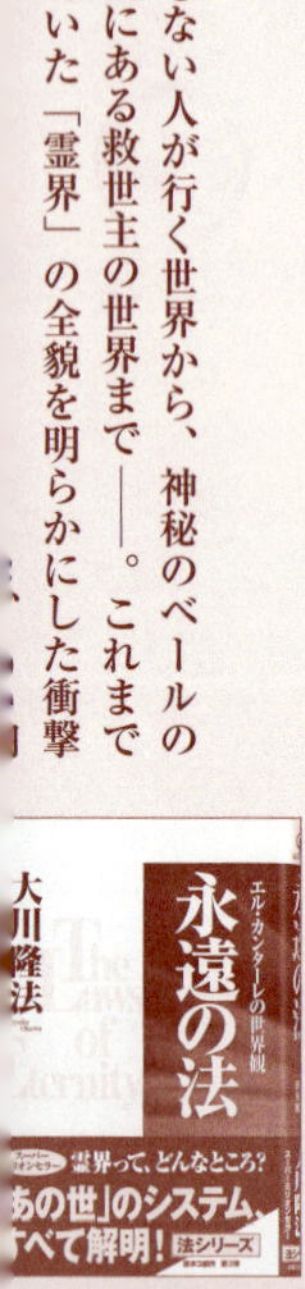

見えるものがね。まあ、おれも、昔、天使だったからな、神様の気持ちは分かるよ。だけどね、合わないんだよ。その支配、その力は、三次元と合わないんだよ。三次元で「いい」と思うものは、神様は嫌《きら》うんだよな、なぜか……。

だけど、三次元のやつらっていうのは、おれたちとは話が合うんだよ。だから、おれのインスピレーションを、必ずしも三次元の人間は「悪い」とは思ってないよ。うん。けっこう、うまくやってるよ。

A――　やはり、物質的なところで同通するのでしょうか。欲でしょうか。

ル――　うーん。物質的な欲……。いやあ、どうだろうねえ。

A――　「昔は、偉大《いだい》なる大天使だった」と聞いておりますが、その力を使っているわけでしょうか。やはり欲でしょうか。疑いでしょうか。何が、いちばん弱いんでしょうか、人間は。

ル――　人間が弱いっていうか、「天上界《てんじょうかい》のルール」と「地上のルール」は違いすぎるのさ。

「権力」に惹《ひ》かれるが、小沢氏に憑《つ》いているのは別の悪魔

A――地上のルールで、あなたが、いちばん惹《ひ》かれるところは、どこでしょうか。

ル――うん。権力だね。

A――権力ですか。

ル――権力だね。これは、いちばん楽しいよ。

A――楽しいですか。

ル――うん。「人を思いどおりにできる」っていうのが、いちばん楽しいよ。

A――今の日本ですと……。

ル――ああ、いいね。面白いねえ。

A――小沢氏とか、政治をやっている人に影響《えいきょう》を与えていますか。

ル――面白いけど、小沢やってんの、おれじゃないよ。

A――ああ、そうですか。

ル――違うね。

A――誰ですか。

ル――おれは宗教専門だよ。あれは日本人の悪魔のほうじゃねえか。おれは知らないね。

今、〝面白い〟と感じている攻撃《こうげき》対象はイスラム教

A――幸福の科学は、やはり、攻撃《こうげき》対象として徹底的《てっていてき》にマークしていますか。

ル――そうだな。ここは、いちばん、やだね。

A――いちばん嫌《いや》ですか。キリスト教もイスラム教も、けっこう大きいですよ。なんで、キリスト教やイスラム教より、幸福の科学のほうが嫌なんですか。キリ

スト教徒は二十億人もいるんですよ。

ル――　いや、イスラム教は、やってるよ。

A――　イスラムは、やっている？

ル――　やってるよ。もちろん、イスラムは、やってる。面白いね、戦争するから。いやあ、面白いね。

A――　「戦争」が好きなんですか。

ル――　いやあ、面白いね。

A――　ああ、そうですか。

ル――　キリスト教も、やらないわけじゃないけど、どっちかというと、今だと、イスラムはキリスト教を攻撃して、怒《いか》りで燃え立ってるから、イスラムのほうが面白いよ。

A――怒りですか、やはり。

ル――うん、面白いね。

A――やはり、権力と怒りですか。

ル――うん、ここは、ぶっ潰《つぶ》せるね。

A――幸福の科学は、今、けっこう大きくなっていますが、やはり、幸福の科学も、キリスト教やイスラム教と同じぐらい怖いというか、マークされているんでしょうか。

ル――うん、やだね。やだねえ。

A――嫌ですか。なんで嫌なんですか、そんなに。

ル――いろんな秘密を知ってるからな。

A――秘密？　どんなところが秘密なんでしょうか。

ル――そらあ、過去の歴史さ。過去の歴史。

Ａ――過去の歴史。ははあ、歴史……。

ル――おれがなぜ地獄の王になったかなんていうの、書かれたことがあったけど……［注1］。

Ａ――『太陽の法』などに書いてある。知っています。見ましたよ、あれ。

ル――あんなのやられるのは、やだね。

Ａ――正体を知られると嫌なんだ。苦手？

ル――うーん、やだね。あれ、やだったなあ。

他《た》の悪魔と一緒《いっしょ》になることはあっても仲間ではない

Ａ――『太陽の法』は嫌《きら》いなんですね。では、映画の「仏陀再誕《ぶっださいたん》」（大川隆法製作総指揮、二〇〇九年公開）も嫌いだった？　あれは関係ない？

ル――ま、好きじゃないけどな。

A――好きじゃない？　映画が広がるのは嫌いなんだ。

ル――ま、映画、うーん。

A――幸福の科学のつくる「光の映画」というのは、あまり好きじゃない？

ル――もちろん好きじゃないけど、ま、「仏陀再誕」のほうは、あっちじゃないか。覚鑁《かくばん》とか、あっちの日本人の悪魔のほうが怒《おこ》ってたんじゃないか。おれたちは、あんまり関係なかったからな。

A――お仲間ですか。

ル――違うよ。

A――仲間割れをしているんですか。

ル――違うけど、一緒《いっしょ》には……。「幸福の科学を攻撃してる」っていうから、まあ、知ってはいるよ。

A――霊的に連合は組んでいるんですか。

ル――いや、おれたちが攻撃しようと思うときに、たまたま一緒になるのさ。

A――お友達《ともだち》ですか。

ル――違う。関係ねえけど、「攻撃できる」と思って出てくるときに、一緒になることがあるから、知ったのさ。

A――では、「来い、覚鑁《かくばん》！」とか言って呼んでも、来ないんですか。

ル――そんな仲じゃないよ。

A――あまり仲は良くないんだ。

ル――うん、まあな。うちは、ベルゼベフとは、まあ……。

A――ベルゼベフとは仲がいいんだ。部下？

ル―― ま、呼び合うことはあるけどね。部下ったって、そう、言うことはきかねえよ。

A―― そうか、それぞれ独立しているんだ。ところで、幸福の科学って嫌いなんですね。

ル―― だから言ってるだろ、敵だって！

A―― 分かった、分かった、それは。怒《おこ》らないで、そんなに。

ル―― おまえ、ばかだよ。敵に対して好きとか嫌いとか。戦ってる相手だろ。

地獄に「第二の三次元」をつくろうと画策している

A―― 「レムリア・ルネッサンス」という団体には、ルシフェルを礼賛《らいさん》している内容の本もあるのですが、あれは指導しました？

ル―― もちろん。

A――した？

ル――もちろん。

A――やはりなあ。レムリアで、一生懸命《いっしょうけんめい》、自分の過去の歴史への評価を変えようとしたんですか。元天使ということで。

ル――まあな。おれは、やはり、地獄に封《ふう》じ込《こ》められたことは納得してないよ。

A――全然、納得していない？

ル――納得してないよ。

A――でも、名誉欲とか権力欲とかを、つけすぎてしまったからではないんですか。

ル――おれは、なんでこうなったのかは納得してないよ。

A――ああ、それで、地獄界をつくろうとしたんですか。

ル――地獄界……。地獄界っていうか、「第二の三次元」だな。

A――あっ、第二の三次元をつくろうとしているのか。

ル――そう、第二の三次元をつくろうとしてるんだよ。

A――神様になりたいんだ……。

ル――うーん、なりたいなあ。天国の世界とか言ってるけどな、おれは「怪《あや》しい」と思ってるよ。あいつらの言ってること、おかしいと思ってる。

A――どうしておかしいんですか。みんな幸福に生きていますよ。

ル――三次元に生きた人間は、だいたい、おれたちと同じ感覚を持つよ。うん。

悪魔には光の天使たちが〝狂《くる》っている〟ように見える

A――でも、なかには、天使で、光り輝《かがや》いたりする人もいるでしょう。

ル――あの変てこなやつはいるなあ。

A――変てこ？　「光の天使」は変てこなんですか。奇人《きじん》・変人なんだ。

ル――あれは、そうじゃねえか。殺されて喜んでるやつらが狂人《きょうじん》でなくて、なんでおれたちが狂《くる》ってるんだよ。あいつらこそ狂ってるよ。殺されて喜んでるだろ。

A――でも、あなたは人を殺してるじゃないか、いろいろと。どんどん地上で戦争をしたりして。

ル――そうだ。

A――それって天使じゃないよ。

ル――天使だって、殺してるやつはいるだろ。ヘルメスだって、大勢《おおぜい》、人を殺したぞ。ルシフェルだって、大勢、人を殺した。どうして、ヘルメスは天国で、ルシフェルは地獄なんだ。分からねえよ。

A――ああ、そこが分からないんですね。でも、権力のところは、非常に喜びなんだね。それで、疑いとか……。

ル――　おれは知恵を使ったんだ！　おれは〝智《ち》天使〟だよ。

A――　智天使？

ル――　おれは誰よりも賢《かしこ》かったんだ。で、地上に王国を築こうとした。知恵をたくさん使った。なぜ、そう……。

A――　でも、ほかの七大天使だって、みんな頑張《がんば》っていますよ。

ル――　勝つための知恵を、いっぱい使ったぞ、おれは。勝つための知恵を使った。勝って、なんで地獄なんだよ。

A――　しかし、ミカエルだって、ガブリエルだって、ラファエルだって、ウリエルだって、サリエルだって、パヌエルだって、全部、頑張っているよ。

ル――　あいつらはね、おれより頭悪い。

A――なんで頭悪いの？　みんな頑張っていますよ。

ル――地上で生きてるときに成功する光の天使とかいうやつら、ほとんどいないぞ。

A――なぜ？

ル――みんな、最後、悲惨《ひさん》な死に方してるぞ。

A――ほう。

ル――悲惨な死に方をすればするほど、天国で評価されてるじゃないか。あれは理解できないね。神様っていうのはマゾだぞ。

A――マゾ？

ル――自分で使者を送り込んで、地上の人間を指導させて、最後、地上の人間に目茶苦茶にされて、殺されるようにするんだよ。で、殺されて、悲惨な、苦しい思いをさせて。ハン。必ず、そういうふうに持っていくのさ。神様ってのは、これ、マゾだぞ。

A――　神様はマゾなんだ。はあー。

ル――　ややつだよ。なんで、自分の部下だったらさ、自分の弟子だったら、最後まで幸福にやらせないのさ。ひっどいやつだよ。最後、目茶苦茶にするじゃねえか。

イエスなんか、自分で磔《はりつけ》に遭《あ》ってるじゃねえか。ばっかだよな。ハッ。で、次は、弟子も全部、磔だよ。もう、全部、処刑《しょけい》だよ。

あれが神様なんだってえ。すげえよなあ。神様のやり方って、こうなんだよなあ。おれは納得しないね。

A――　完全に勝って、全部、権力が取れたら、もう最高の幸福なんだ。

ル――　当たり前じゃないか。神様なら、なんでそうしねえんだよ。

A――　そうか。そうしないから、納得できないんだ。

地獄の人口はどんどん増えてきている

A――　でも、やはり、仲間を増やしたほうがいいと思っているんですか。第二の地上計画でしょう、今。

ル――　そうだ。

A――　けっこう、やっているんですか。

ル――　仲間は、増やしたほうがいいというか、自然に増えてくるんだよ。大勢、自然にやってくるんだよ。おれが呼ばなくたって、どんどん増えてくるんだよ。で、そいつら、何とかさせなきゃいけねえだろ。フフン。

A――　面倒《めんどう》を見ているんですか。

ル――　そうだ。

A――　いちおう地獄の総大将なんですか。

ル――　総大将っていうか、まあ、だって、大勢が暮らしてるから、誰かが面倒見なきゃいけないだろ。地獄には地獄のルールがあるんだよ。

A――　でも、いろいろな地獄があるんですよね。

ル――　そうだ。

A――　全部の面倒を見るのは大変ではないですか、そんなに多くの地獄があって。

ル――　だけどな、だけど……。ま、それは、大変は大変かもしれないけど、まあ、楽しいぞ。

幸福の科学学園中学校・高等学校について

A――　二〇一〇年の四月に、幸福の科学は、幸福の科学学園中学校・高等学校を開校します。

ル――　フフ。

A――幸福の科学は、未来に新しい文明を創《つく》ろうと思っているんですけれども、それについては、どう思いますか。

ル――フン。くだらねえな。

A――くだらないと思っている?

ル――くだらねえな。あんなヒヨコ集めて、ばかじゃないか。ハッハッハッハッハッハッハッハッハッハ。

A――ヒヨコに見えるんだ。

ル――ガキなんか集めて、ばかだよ。フッフッフッフ。(笑い声が続く)

普段《ふだん》は地獄《じごく》の王宮で手下と暮らしている

B――では、次に、私から質問させてもらいます。

私のほうは、もう少し基本的な話ですけれども、今、普段《ふだん》は、どういう所で暮らしているんですか。

ル——　ううん、まあ、地獄《じごく》にも王宮はあるんだよ。

B——　王宮？

ル——　フフ、天国にもあるそうだけど、おれには、おれの王宮があるよ。

B——　王宮のなかで暮らしている？

ル——　ま、そうだな。

B——　独りで？

ル——　ばか言うんじゃないよ。かしずく者は、いっぱいいる。ハッ！　でなきゃ、地獄の王になんかなれねえよ。

B——　どういう者たちが、かしずいているんですか。

ル——　手下だね。

B——　手下？

ル——　悪魔《あくま》、悪魔。まあ、おれのとこで修行させて、立派な悪魔にして送り出すのさ。

B——　そういう者たちは、地上にいたとき、どういうことをしていた人間なんですか。

ル——　おれの近くにいるやつはなあ、地上になんか、しばらく出てねえよ。何だね、地上のとき？　そんなもん、忘れてるんじゃねえか、みんな。ずーっとこっちだと思ってるよ。うん。

なぜ天国に還《かえ》れなかったのか、まだ分かっていない

B——　そちらに行ったのは、どういうことがきっかけでしょうか。ずいぶん昔にそちらに行ったわけですが、何か理由があったんですよね。

ル——　理由があったって、おれには分かんないよ。おれは、天国に還《かえ》れると思っ

てたから。なんでだろ。おれだって分かんないよ。

B――あなたは天国に還れると思っていた？

ル――もちろん。

B――どうして還れなかったんですか。

ル――分からないって！

B――あなたほどの知恵《ちえ》のある人が分からない？

ル――分からない！

B――でも、推定はできませんか。

ル――分からないから、腹立ってるよ。

B――ずーっと分からないままですか。

ル――おれは、神様っていうのが、ほんと分かんねえな。「三次元で幸せになれ」って言ったのは神様じゃないのか。分かんねえよ。

B――　神様は「三次元で幸せになれ」とおっしゃったんですか。

ル――　言ったよ。この地上を祝福した。「この地上で繁栄《はんえい》しろ」って言った。おれは繁栄した。なんでだよ。おれは、なぜ天国に還してもらえなかったのか分かんないよ。

B――　この地上だけで繁栄した？

ル――　そらあ、まあ、繁栄するために、確かに、犠牲《ぎせい》にした人間も多いよ。殺したよ。でも、おれの王国は繁栄した。なのに、なんでだよ。

B――　その殺された人たちの思いは何か関係がありますか。

ル――　………。

B――　あなたに苦しめられた人たちの思いは関係がありますか。

ル――　……だけど、それを言うんだったら、ヘルメスだって人は殺してるぞ。なぜ、ヘルメスは神で、おれは駄目《だめ》だったんだ。分からない。

Ｂ――　「この世的な繁栄だけでなく、あの世に還ってから幸福になることを併《あわ》せて考える」ということはなかったんですか。

ル――　……おれだって、考えなくはなかった。でも、還れなかったから、おれは、新しい世界をつくった。

おれは、自分の王国は繁栄してると思っている。いまだに繁栄していると思っている。その証拠《しょうこ》に、三次元をきっかけにして、おれのところに来るやつは、いっぱいいる。望んで来ている。喜んで来てるぞ。

Ｂ――　地獄にいる人たちは、みなさん、ずっと喜んでおられますか。

ル――　三次元と同じ生活をしようとしてるな。

Ｂ――　例えば、地獄に堕《お》ちて悪魔のようなかたちになった人で、天国に還った人はいませんか。

ル――　おまえ、ばかな質問するなよ。おれたちは決別したんだ。なんで天国になんか還るんだよ。ばかな質問するな。

B――　還った人はいないんですか。

ル――　必要ない！　還る必要がないから、こっちで、新しい世界つくったんだろ！

B――　そのなかで暮らしていることは幸福ですか。

ル――　おれたちは幸福だね。

B――　でも、苦しんでいる方々もいらっしゃいますよね。

ル――　おれは苦しんでないぞ。

B――　幸せですか。

ル――　まあ、それなりに頑張《がんば》っているよ。フフフフフ。

B――　ではその……。

ル――　ハッハッハッハッハッハ。（笑い声が続き、最後に大きく息を吸う）

どのような人に憑《つ》くことができるのか

B――　あなたは、どうやって地上に出てくるんですか。王宮で幸福に暮らしているんだったら、地上に出てくる必要はないと思うんですが。

ル――　いや、だから、地上っていうのは、おれたちの世界と似てるんだって。そんなに難しくないよ。似てるんだって。

B――　どうやって出てくるんですか。

ル――　おれと同じ考えをする人間は、けっこういるんだって。フフ。

B――　同じ考えをする人間がいると、出てこられるんですか。

ル――そうだな。同じ考えをする人間が多すぎるよ。いちいち出ていってたら、たまらない。おれが出ていくのは、権力のあるところだな。

B――権力があるところで、同じ考えを持っている人間がいると、出てくることができるんですか。

ル――まあ、同じ考えといったって、人間は、ほとんど、おれと同じ考え方をするんだよ。だから、その論理で言えばさ、おれは、どこにでも出ていけるんだ。おれが憑《つ》けない人間なんか、いないよ。

B――人間の考えしだいで、出てくることができるということですか。

ル――考え……。んー。

B――でも、出てくることができないタイプの人間もいますか。

ル――いないね。

B――では、誰《だれ》でも可能性はある？

ル――　うん、いないね。おれの考えは三次元の考えなんだって。言っても分かんないかもしれないけど、人間は誰でも、おれとおんなじ考えをするんだよ。

B――　同じ考えをするときもあれば、そうではないときもあるのではないですか。

ル――　そうだな。

悪魔が「絶対に理解できない」と思う人たち

B――　出ていくことができないときもありますか。

ル――　そうだな、おれはね、絶対に理解できないのは、あのキリスト教の殉教《じゅんきょう》者《しゃ》みたいに死んでいくやつらだ。ハッ、あれは理解できない。

B――　神のために自ら死んでいく人間が理解できない？

ル――　そうだ。そうそう、そうそうそうそう、あれは理解できない。この世に逆らって死んでいくやつら、あれは理解できない。だから、ああいう心境のやつらは、おれは嫌《きら》いだね。出ていこうとも思わない。ハッ。ばかげてる。
普通《ふつう》は、アメリカの大統領だろうが、何だろうが、世界の指導者っていうのは、多かれ少なかれ、おれとおんなじ考えをするんだよ。
おれはねえ、権力をまとめる天才なんだよ。ある意味で、キリストなんかより、おれのほうが、ずっと天才なんだ。権力を使う、王国を治める、こういう能力にかけては、キリストより、おれのほうが上だ。だから、世界の指導者は、多かれ少なかれ、おれと同じ考えをするんだって。ハッ。分かんないだろうな。
権力の法則。おれが操《あやつ》ってるものは権力の法則さ。

B――今、具体的には、どんな仕事をされているんですか、あなたは。

ル――戦争を起こすことだ。

B――戦争？

ル――うん。権力闘争《とうそう》だからな。

B——その目的は？

ル——目的っていうか、ま……。

B——何を理想としているというか、何かを目指して、その仕事をやっているんですか。

ル——理想というか、ま、おれの世界のルールを適用しているだけだ。

B——それを地上に適用しているだけ？

ル——そう。

B——それが理想？

ル——理想というか、神様に分からせたいのさ。

B——神様に分からせたい？　何を？

ル——おまえら間違ってるって。

B――そのやり方をすれば神様は分かると思っている?

ル――そうだ。地上の人間っていうのは、しょせん、おれとおんなじだよ。おれとおんなじやり方でやらなきゃ、人間は指導なんかできない。神様のほうが間違ってるね。

「レムリア・ルネッサンス」という団体は、悪魔にとって〝いい玉〟

B――そのために、最近、何を具体的にやりましたか。あなたは、宗教的な部分が特に得意だと言っていましたが。

ル――うーん……。まあな、いい玉が手に入ったね。うーん。

B――いい玉?

ル――いい玉が手に入ったね。

B――それは、どんな玉ですか。

ル――おまえら、もう知ってるだろ。うん。いい玉が手に入ったよ。うん。

Ｂ――分からないんですが、ヒントを。

ル――ばかに教える必要はないな。

Ｂ――ばかだから教えていただきたいんですけれども。

ル――ハッ。

Ｂ――そのいい玉というのは、どんな玉ですか。

ル――おまえらの近くにいるよ。

Ｂ――近く？

ル――うん。

Ｂ――分からないですね。

ル――レムリアさ。

B――ああ。

ル――いい玉が手に入ったよ。ああ、いいなあ。素質いいねえ。うーん。

B――それは、あなたの考えに、ぴったりと一致《いっち》しているのですか。

ル――うん。いいなあ。うーん。

B――それは、あなたがつくったわけではなくて、たまたま、そういうのがいたから利用した?

ル――そうだな。

B――うーん。なるほど。

ル――いい感じになってきたんだよ。予定してたわけじゃない。そんなもんじゃないよ。途中《とちゅう》で、いい感じになってきたんだよ。なかに入りやすくなったのさ。予定してるってことはねえよ。うん。フフ。

B——　けっこう成り行きであるわけですね。

ル——　そうだな。

悪魔は「自分の得にならないこと」をする人を嫌《いや》がる

B——　逆に、今、仕事がしにくいと思うことは、どういうことですか。どういう人々が動くことによって、仕事がしにくくなりますか。幸福の科学が、いちばん、あなたにとって仕事がしにくいんでしょうけれども。

ル——　うーん。

B——　幸福の科学の活動のなかで、特にどういうことをしているのが嫌《いや》ですか。

ル——　うーん。……まあ、おれは、お人好《ひとよ》しが嫌《きら》いなんだよ。

B——　お人好し？

ル——　うん。だからな、「自分の得にならないのに何かをする」っていうやつらは嫌いだね。

B――　何のために？　神様のために？

ル――　権力っていうのは、人を犠牲にして奪《うば》うもんだよな。これが、この三次元で繁栄するルールだよな。でも、それを反対にしちゃってさ、自己犠牲とか説くやつは、いちばん嫌いだね。

B――　幸福の科学では、「この三次元の世界は仮の世であって、魂《たましい》を磨《みが》くための修行の場である」と教えてもらっているんですよ。だから、その本来の目的のために、魂を磨くために、自分の身を犠牲にしてでも多くの人々の幸せのために生きたいと考えている人たちが、幸福の科学にはたくさんいます。嫌ですか。

ル――　まあな。三次元を機縁《きえん》にして、こっちに来る人間は、いっぱいいるから、まあ、どんどん三次元に生まれてもらってかまわないんだよ。

三次元に生まれなきゃ、こっちに来る人間もいないからな。おれたちだって、新しい世界つくってるんだよ。霊界《れいかい》つくってるんだよ。フフ、新しい霊界つくってるよ。おれたちだって、やってるよ。

霊界では悪魔の勢力は少数派にすぎない

B——　天国の世界と、あなたたちのつくっている世界と、規模というか、大きさを比べて、どのように認識されていますか。

ル——　ああ、うちだって、けっこう大きくなってるぞ。うん。新しい世界つくって、それなりに成功しつつあるよ、うちだって。どんどん三次元に生まれてくれよ。

B——　天国に比べて、あなたの世界は、今、どのくらいの規模だと思っていますか。

ル——　まあ……、やな質問だな。おれたちだって、少数派なのは分かってるよ。で、それが神様とおれの違いだろうな。おれたちは少数派だよ。

B——　その差は圧倒的《あっとうてき》ですよねえ。

ル――そう、やだなあ、おまえ。やな言い方するなあ。おまえ、やな言い方するなあ。でも、最近、増えてるんだぜえ。

Ｂ――増えている？　でも……。

ル――ま、地球の人口も増えてるから、おれたちのチャンスも増えてるよ。

Ｂ――でも、実際は圧倒的に違いますよねえ。

ル――おまえ、やな言い方するなよ。おれだって頑張ってるんだから。

Ｂ――「ほかの方面で頑張る」という気はないですか。

ル――おれの世界に来たいという人間がいるんだ。神様の言うことを、おかしいと思ってる人間がいる。地上に生まれ、地上のルールを身につけて、地上のルールのままに生きたいと思ってる人間は、いっぱいいるんだ。だから、おれのところに来たいんだって。

Ｂ――でも、そういう人たちは、地上では繁栄するように見えても、心のなかは幸福ではないと思うんです。心は、いつも荒《あ》れていたり、闘争心に満ちていたり、心配事があったり、自己保身の思いでいっぱいだったり……。

ル―― それの何が悪いんだよ。

B―― 幸せではないのではありませんか。

ル―― おまえなあ、戦争して勝ったら、うれしいぜ。それ、幸せじゃないのか。負けたら、大変だぜ。負けたら地獄で、それは苦しいだろうけどな。戦って勝ったら、「バンザーイ」って言うじゃねえか。それ、幸福だろ? 違うんかい。

B―― しかし、それをやったことによって、多くの人が、苦しい……。

ル―― あのなあ、おれ、坊《ぼう》主《ず》嫌《きら》いなんだよ。本当に嫌いなんだよ。本当になあ、嫌《いや》だねえ。あの、のたっとしたのは、ほんと嫌だね。

エル・カンターレは「いちばん頭がいい」存在に見える

B――　あなたは、幸福の科学が、これからどうなっていくと思いますか。

ル――　フン。

B――　あなたの読みは？

ル――　まあ、地上の人間には受け入れられないんじゃねえか。

B――　なぜ？

ル――　無理だよ、無理。地上の人間は、おれと考えが近いんだって。三次元に生きたら、みんな、おれと同じように考えるようになるんだ。勝った者は強い。だろ？　どこだって、そうなっていくよ。だから、おれたちの仕事は、この三次元で勝つかどうかだ。神様と戦争してるよ。この三次元世界を、おれたちの論理でつくる。これが、おれの仕事さ。

B――　でも、この三次元世界のなかにおいて、そうした論理に負けずに神の側《がわ》につくことができる人は、すごいですよね。

ル――　おれは、ばかだと思うよ。

B――　そういうばかな人たちを、私たちも、これから、ぜひ増やしていきたいと思うんです。

ル――　おまえらなんか、最高のばかだよな。

B――　あなたは、その幸福の科学を率いている主エル・カンターレを、どのように見ておられるんですか。

ル――　……。頭いいね。頭いいな、こいつは。やはり、いちばん頭いい。そら、イエスより、エンリル［注2］より、遙《はる》かに頭いい。頭いいなあ。うーん。

B――　あなたより頭がいい？

ル――　うーん、うーん、頭いいなあ。いやあ、イエスより頭いい。エンリルよりいい。（舌打ち）これは頭いいい。うーん。

B――そうすると、このエル・カンターレという方は、あなた以上のことを考えている可能性があるということですよね。

ル――頭はいいと思うよ。

B――エル・カンターレを信じる弟子《でし》は大勢《おおぜい》いますが、あなたには、そういう弟子がいなかったでしょう。

ル――いや、そんなことはないぞ。おれには弟子がいっぱいいるから。

B――この世的に繁栄する……。

ル――おれには弟子がいっぱいいるから、おれの王国は繁栄してるんだよ。

B――この世的に繁栄するから弟子になっているだけではないですか。それを捨ててでも信じるという弟子は、いましたか。

ル――　おまえなあ、そんなこと言うけど、幸福の科学だって、この世の繁栄を説いてるじゃないか。この世の繁栄を狙《ねら》っている者は、みんな、おれの仲間だ。

B――　この世の繁栄が、あの世の繁栄につながるような、そうした「この世とあの世を貫《つらぬ》く繁栄」を、幸福の科学は説いています。

ル――　おれだって、この世でやってるときは、あの世の繁栄につながると思ってたさ。

B――　でも、失敗しましたね。

ル――　神様と意見が合わなかっただけだ。

B――　分かりました。

では、質問者を替《か》わります。

未来をつくるのは「神の力」である

C――　質問します。あなたは知恵《ちえ》があるということなんですが、どのくらい先まで見えるんでしょうか。

ル――　フーン。

C――　どのくらい先の未来まで見えるんでしょうか。

ル――　未来なんか、見る必要ないね。

C――　「現在狙《ねら》えるところを見ている」ということなんでしょうか。

ル――　そうだな。まあ、やな質問だな。未来をつくるのは神様だからなあ。おれたちは、動いていく未来に、動いていく現象に、その場その場でぶつかっていくしかない。未来をつくっていくのは、残念だが、神様のほうの力だからな。

未来……、未来……。おれたちは、神様の失策、神様の、まあ、そういう失敗に乗じて動くしかないから、「未来をつくれるか」って言われたら……、それは、やや質問だな。

ただ、チャンスはあるぞ。これから人口が増えていくから。「三次元に人口が増えていく」っていう話だから、三次元に人が増えれば増えるほど、おれたちの世界が拡大するチャンスはある。うん。

大物の悪魔《あくま》は一般《いっぱん》の家庭には入らない

C——　人口が増えるに当たって、例えば家庭にどんどん子供が生まれていきますけれども、そういうのを見て、あなたには、「家庭を崩壊《ほうかい》させよう。家庭に不幸をもたらそう」というような考えはあるんでしょうか。

ル——　おれは、そんな小さなことは考えない。

C——　大きなことを考えるんですか。

ル――あのな、おれは、いちいち家庭になんか入らないよ。そんなばかなこと、するわけないだろ。
C――一般《いっぱん》の家庭には入らないんですね。
ル――入らない。興味もないし。
C――では、夫婦関係だとか……。
ル――そういうものは、あほらしい。
C――家族だとか……。
ル――あほらしいね。ハッ。
C――あほらしい？
ル――あほらしいね、そんなものは。
C――そのようなところに入るのは、あなたの手下なんですか。

ル――　おれの手下でもない。そんなものに入ってるのは、もっともっとずーっとずーっと下のほうのやつらさ。

Ｃ――　では、あなたが入るのは大きな組織？

ル――　そうだ。

Ｃ――　一般の会社などには入りますか。例えば、ＪＡＬ《ジャル》であるとか。

ル――　それは、ちょっと違《ちが》うんじゃないか。

Ｃ――　違いますか。

ル――　うん。まあ、ＪＡＬとかで仕事してて、だいぶ気持ちが滅入《めい》るので、ま、死にたくなるような人が出てくる。そういう人のところには、ま、おれの手下が入りに行くよ。早く死にたいと思ってるやつのところに、どんどん入りに行く。そういうことはするけどもな。そういうふうにすると、おれたちの世界の仲間が増えるからな。

それはやるけども、狙ってＪＡＬを潰《つぶ》そうとかするのは、あほらしいね。おれの仕事は戦争だって。戦争は起こそうとするけど、企業《きぎょう》の倒産《とうさん》って、あんまり興味ねえんだよな。

地上で戦争が起これば出ていくが、悪魔に戦争は起こせない

Ｃ――　これまでの歴史のなかで、あなたが指導した戦争には、具体的に、どのような戦争がありましたか。

ルー――　指導した戦争っていうか、「戦争が起これば出ていく」ということだな。うーん。起こそうとはするけどね。ただ、戦争を起こせるかっていうと、まあ、厳しいな。

Ｃ――　やはり、きっかけは人間がつくったところに、あなたが……。

ルー――　そうだよ、人間が動いたところに、おれたちが入っていく。それが、おれたちのできることだ。うーん、自分から主体的にこうしたいって、そこまでは

できないな。それこそ、さっきの少数派と多数派の違いじゃないけど。

C――　分かりました。

ル――　残念だけど、そこまではできないな。それができたら楽しいだろうね。戦争を自由に起こせたら、さぞかし楽しいだろうと思うけども、それはできない。

C――　戦争が終わるときには、あなたは、どのようにするんですか。

ル――　それは、死ぬ人がたくさんいるから、おれの手下をたくさん派遣《はけん》するよ。そのときには、大勢《おおぜい》が苦しんでいて、地獄《じごく》に引っ張り込《こ》める人間がいっぱいいるからな。

C――　戦争が終結するときというのは、あなたには残念なものなんでしょうか。

ル――　いや、そんなことはないぞ。たくさん、こっちの人口が増えるから、うれしいよ。うん。それは、それなりにうれしい。起こるときもうれしい。終わるときもうれしい。戦争は、どっちにしろ、おれたちにとっては、いいチャンスだな。

テロは人間に猜疑心《さいぎしん》を起こさせる

C――あなたは、これから世界で戦争が起きるとしたら、どの辺りで起きると思って狙っているんでしょうか。

ル――もちろん、今やってるのはイラクだ。

C――イラク？

ル――うん。いいねえ、イラク。いいねえ。

C――ほかには？

ル――うーん、アフリカのほうだ。

C――具体的には、アフリカのどの辺りですか。

ル――アフリカは、どこでも可能性があると思ってるよ。

C——テロとか、そのようなものは指導しているんですか。

ル——もちろん。いいねえ。あれは、いいねえ。人間のなかに猜疑心《さいぎしん》を起こすしな。もしかしたら、テロのほうが戦争よりいいかもしらんと思ってるね。うん。あの「9・11」のあとのアメリカの、あの縮小のしようね。あの怯《おび》え方《かた》ね。胸がすくんだよねえ、いやあ。

C——あなたから見て、恐怖心《きょうふしん》は、どのように見えますか。

ル——ハッハッハッハッハッハ。ハッハッハッハッハ。

C——人々が恐怖の気持ちを持つことは、非常に愉快《ゆかい》なことなんですか。

ル——ハッハッハッハッハ、ハッハッハ。（笑い声が続く）

C——あなたが面白くないと思うことは、どのようなことですか。

ル——おれが面白くないのは、だから、さっきも言っただろ、「自己犠牲《ぎせい》」とか「お人好《ひとよ》し」とか、そういうのは、やだな。

C――　なるほど。

大川隆法　ここまでにしましょうか。

では、帰ってください。（右腕《みぎうで》を前方で大きく回転させる）

ル――　ううううう……。

大川きょう子　ハーッ。（大きく息を吐《は》く）

大川隆法　（大川きょう子に）水を飲みますか。

大川きょう子　はい。

[注1] ルシフェルが地獄に堕《お》ちた経緯《けいい》は、『太陽の法』第1章、『愛、無限』(幸福の科学出版刊) 第2章、『大川隆法霊言全集別巻1 ミカエルの霊言①』第3章などで明らかにされている。

[注2] エンリルは、古代シュメールの指導者で、大気・嵐《あらし》の神として有名。九次元存在であるが、荒神《あらがみ》、祟《たた》り神《がみ》の系統である。三億数千万年前にマゼラン星雲から地球に移住したが、彼の直属の部下の一人がルシフェルであった。『太陽の法』第1章、『「宇宙の法」入門』第1章参照。

2　法力を求める人の欲心につけ込《こ》む悪魔《あくま》
――覚鑁《かくばん》との対話

大川隆法　次に、誰《だれ》か、呼びたい方はいますか。

（会場から「覚鑁《かくばん》」という声）

覚鑁で行きますか。（大川きょう子に）では、ちょっと手を合わせてください。

（約二十秒間の沈黙《ちんもく》）

覚鑁、出《で》よ！

覚鑁（以下、「覚」と表記）（両腕《りょううで》を広げたあと、胸の前で交差させる）ハアー。

覚鑁である。

地獄《じごく》に堕《お》ちても「反省」の必要性を認めない覚鑁《かくばん》

A――　質問いたします。

覚――　ううーん。

A――　あなたは真如苑《しんにょえん》と阿含宗《あごんしゅう》という密教系の教団に影響《えいきょう》を与《あた》えていると伺《うかが》っておりますが、どのように支配しているのでしょうか。

覚――　私は……。うーん、私は、なぜ地獄《じごく》に堕《お》とされたのか、分からん。われは、阿含、つまり仏法の真理ここにありと思いて、悟《さと》りを開いたつもりであったのに、なぜ私が地獄に堕とされたのか、分からん。私の悟りのほうが、より多くの者を救済できるはずなのに！　なぜだ。なぜだ！

A――　密教の修行を重ねていたと聞いていますが。

覚――　そうだ。私は必死に仏道修行をした！　なぜ、なぜ、われは仏陀《ぶっだ》のもとに還《かえ》れなかったのか、分からん！

A――法力《ほうりき》を追求されたのでしょうか。

覚――われが、まことの修行者であったことは、後世の弟子《でし》たちが証明しておる。

A――しかし、弘法大師空海《こうぼうだいしくうかい》の教えを行じつつも、新しい教えを説いて、高野山《こうやさん》を追い出され、根来《ねごろ》の寺に追われたのではないでしょうか。

覚――うーん、わが教えのほうが、より多くの人々を救済できると思ったのだ。

B――どんな教えだったんですか。

覚――一乗《いちじょう》じゃ。私の教えは一乗の教えであった。

A――三乗《さんじょう》思想とは違《ちが》う、一乗思想ということですね［注3］。

覚――そうだ。修行の階梯《かいてい》を超《こ》えて、より多くの者を、より多くの衆生《しゅじょう》を救済できる教えであったはずなのだ。

Ａ――反省の教えというものはあったのでしょうか。

覚――うーん、反省などは、信仰者《しんこうしゃ》には必要ないのではないのか！

Ａ――何ゆえに反省が必要ないとお考えか。

覚――………。

Ａ――法力のみでよいとお考えか。

覚――………。うーん。（右腕を上げて拳《こぶし》を握《にぎ》り締《し》める）

映画「仏陀再誕《ぶっださいたん》」に登場する悪魔のモデル

Ａ――「仏陀再誕《ぶっださいたん》」という映画をご存じですか。

覚――………。

A――　幸福の科学の大川隆法総裁製作総指揮の映画「仏陀再誕」に、覚念《かくねん》という名前で、あなたをモデルにした悪魔が出てきます。

覚――　おれを侮辱《ぶじょく》した映画である。おれを侮辱しておった。しかし……、おまえたちにも言っておくが、おれは仏弟子であった。どんな仏弟子だって、おれと同じになる可能性はあるんだぞ。

A――　映画を見て不快感を持たれたということですが……。

覚――　侮辱である。

A――　どうして侮辱なんでしょうか。

覚――　おれを悪魔として描《えが》いた。

A――　ということは、「悪魔である」ということに納得がいかないのでしょうか。やはり、仏弟子の……。

覚――　おれは仏道の修行者である。悟りを得た者である。

霊的《れいてき》な力の獲得《かくとく》を〝救済〟と考え、人々を迷わせている

大川隆法　これは、ちょっとDと話したがっているようですね。（会場に向かって）D、出てきてください。（会場からDが出てきて、Cが席を譲《ゆず》る）この人も念力系で、過去世《かこぜ》で密教修行をやっている方です。密教対決で、どうぞ、やってみてください。

D——　あなたは先ほど「救済」と言いました。あなたの言う「救済」とは何ですか。

覚——　霊的な力を得ることだ。

D——　霊的な力を得て、どうしようというんですか。

覚——　霊的な力を求める者はたくさんいる。おまえもかつてそうであったろう。なぜ人は霊的な力を求める。超人《ちょうじん》になりたがる。われは、それを極《きわ》めて、弟子た

ちに教えた。その何が悪かった。

D――　何のための霊的力なんですか。

覚――　仏道は、あの世の存在を示すためのものではないのか。あの世の存在を示すためのものでないのか。

D――　霊的な力を持って、あなたは何をしようとしたんですか。

覚――　私は多くの者を救済しようとしたのだ。悩《なや》める者を救済しようとした。力を持ちたいと思っている者はいっぱいいる。この苦しみの世に、力さえあれば、この苦しみを乗り越《こ》えていけると思って、道を求める者はたくさんいる。そうした者に力を与えようとした。

D――　その力を使って、あなたは……。

覚――　苦しみを取ろうとしたのだ。強くなれば、人の苦しみは取れるであろう。苦しみを取ろうとしたのだ。

D――　それは、ほかの人の苦しみの犠牲《ぎせい》の上に立ってのことではないんですか。

覚――　しかし、自らの苦しみを解けなければ、人は幸せにはなれぬではないか。自ら苦しんでいる者が、どうして幸せになれる。幸せを追求するならば、苦しみを解くことが必要であり、苦しみを解くためには、「頭が良くなること」「権力を持つこと」、いろいろあるけれども、力を持つことだ。その力のもととして霊能力を使って何が悪いのだ。

D――　あなたは先ほど「仏弟子」と言われました。しかし、仏陀は、そのような教えを説きましたか。

覚――　仏陀の説いた教えは遙《はる》か遠く……。もっと言うならば、仏陀の説いた教えと密教そのものは、まったく違っているのだ。しかし、われらは密教の行者である。われは……。

D――　そうではない！　密教のなかにも仏陀の教えは流れている。

覚――　おれは密教の行者だ。

D――　弘法大師空海をどう見ておられますか。

覚――　わが師である。なぜ私が師のそばに行けなかったのか分からない。

D――　あなたは「慈悲《じひ》」ということが分かっていないんではないでしょうか。

覚――　しかし、わが力を求めて、大勢《おおぜい》の者がやってきておる。そうした者に力を授《さず》けておる。これは慈悲ではないのか。

D――　そのようにして、多くの人たちを迷わしているのではないんですか。

覚――　私は、迷わしているとは思っていない。力を求める者に力を与えているのだ。

生前、空海の教えから離《はな》れた邪説《じゃせつ》を説いて迫害《はくがい》された

大川隆法　これは、手ごわいので、そう簡単にはいきません。老獪《ろうかい》です。そのう

ち論理がすり替《か》わってきて、やられますので。

これは、幸福の科学の草創期、一九八一年から出てきている悪魔です。ほぼ三十年ぐらい、最初から付け狙《ねら》ってきている悪魔です。私の父の故・善川三朗《よしかわさぶろう》は過去世で密教系の善無畏三蔵《ぜんむいさんぞう》だったのですが、その縁《えん》かどうか知りませんけれども、最初からずっと来ている大物の一つで、しつこいです。

隙《すき》があれば、いつも教団に入り込《こ》んできます。教団の幹部とかで、心に隙ができたりすると、これが、いつも入ってきます。そう簡単に消えないので、まあ、当会に、かなり〝因縁《いんねん》〟はあるようです。

この覚鑁という人は、弘法大師への嫉妬《しっと》もあるだろうし、「南無阿弥陀仏《なむあみだぶつ》」と「即身成仏《そくしんじょうぶつ》」とを組み合わせた教えを説いたんですね。当時、「南無阿弥陀仏を称《とな》えたら救われる」という教えが流行《はや》っていたので、それを空海の即身成仏の思想と結び付け、新しい教え、〝新商売〟を始めて広げたんですね。

これは、密教のほうが先細ってきて、専門家集団というか、小さくなっていたので、一向宗系《いっこうしゅう》、念仏宗系《ねんぶつしゅう》に対抗《たいこう》する意味で、大衆布教型に変えようとして、「南無阿弥陀仏」と「即身成仏」をくっつけた教えを説いて広げようとしたのです。

それは〝新発明〟のつもりではあったのでしょうが、空海は、やはり悟りを極めようとしていた人ですので、祖師である空海の教えから見れば、かなり離《はな》れたものではあったわけです。

教えを広げようと考えたこと自体は、悪いことではないのですが、「南無阿弥陀仏」とくっつけて広げられると思ったことのなかに、やはり一種の権勢欲のようなものが出てきたらしい。また、かなり迫害《はくがい》され、最後は根来《ねごろ》に追い詰められて殺されているので、おそらくは、そのへんで、そうとう恨みの心を持って死んだものだと思われます。

法力を求めて宗教に寄ってくる人たちの欲心につけ込んでいるものかと思います。

特に「名誉心《めいよしん》」が強い原因です。宗教家で最後まで残るのは名誉心であり、ある程度の高僧《こうそう》でも名誉心が残るので、そこに入ってこられることが多いですね。まあ、そう簡単に成仏するような人ではありませんので、負担が重くなりますから、このへんで切り上げます。

（大川きょう子に）前を向いてください。前を向いて、手を合わせてください。手を合わせてください。

では、覚鑁、帰ります。覚鑁、帰ります。覚鑁、帰ります。帰ります。（右腕を前方で大きく回し、そのあと、前方に突《つ》き出すかたちで静止させる）

（約十秒間の沈黙）

はい。（大川きょう子に）大丈夫《だいじょうぶ》ですか。ちょっと心臓に来たと思いますけれども。

［注3］一乗《いちじょう》思想とは、「何人《なんぴと》も仏になれる」という思想であり、三乗《さんじょう》思想とは、「仏教の修行者が到達《とうたつ》する境地に高下三つの違《ちが》いがある」という思想である。一乗思想は、「人間は仏の子である」という真実からして、可能性、希望の原理としては正しいものであるが、実際、仏教修行者には、その悟りの段階に応じた魂《たましい》の境涯《きょうがい》があるため、三乗思想のほうがより真理に近い。『黄金の法』第4章、『悟りの挑戦《ちょうせん》（下巻）』（幸福の科学出版刊）第6章参照。

第2章

高橋信次霊《しんじれい》との対話

［二〇一〇年一月二十九日収録］

【本章に登場する霊人《れいじん》】

高橋信次《しんじ》（一九二七～一九七六）

昭和期の宗教家。電機系の会社を経営しながら、新宗教GLAを創設し、霊現象（いわゆる霊道《れいどう》現象）を数多く行ったが、帰天後、教団からは数多くの分派が生まれた。本体は九次元存在のエンリル。直近の過去世《かこぜ》は呪術者《じゅじゅつしゃ》で修《しゅ》験道《げんどう》の開祖である役小角《えんのおづぬ》（六三四～七〇六）。『太陽の法』第6章、『黄金の法』第5章、『宗教選択《せんたく》の時代』（幸福の科学出版刊）第5章参照。

［質問者三名は、それぞれA・B・Cと表記］

1　高橋信次は、本体エンリルの〝探察機《たんさつき》〟

混乱の陰《かげ》に、いつも高橋信次霊の影《かげ》が見え隠《かく》れしている

大川隆法　先ほどまでは悪魔《あくま》との対話をやっておりましたが、ここで、悪魔以外の霊人も呼んで話を聴《き》いてみたいと思います。

当会では、最初、高橋信次の霊言《れいげん》を出していて、その後《ご》、出すのをやめましたが、それを、GLA系統の各宗派の人たちが、「批判を受けたので引っ込《こ》めた」と捉《とら》えている節《ふし》もあるし、高橋信次を、〝エル・ランティ〟と称《しょう》して持ち上げ、「こちらのほうが偉《えら》いんだ」というように言ったりしていて、何か、混乱の陰《かげ》に、いつも、その影《かげ》が見え隠《かく》れしています。

高橋信次自体が悪霊《あくれい》になっているとは思っていないのですが、現在、どんな問

題が起きているのか、いったい、どういうふうに紛糾《ふんきゅう》しているのか、何が霊界側で起きているのか、当会で霊言集を打ち切られたあたりで高橋信次が感じたことは何なのか、調べてみたいと思います。

当会は、一九九四年以降、方針を変えて、「法による伝道」中心に切り替《か》えたのですが、それに対し、霊能力をあまり言わない教団運営に対する不満が一部にあって、霊能力に惹《ひ》かれて来ていた人たちが別の動きをしたりもしていますので、高橋信次が、現時点で、どのように思っているかを聴いてみたいと思います。

おそらく九次元界には還《かえ》っておりませんので、立宗名誉補佐《りっしゅうめいよほさ》の体に入るのではないかと思います。

（大川きょう子に）精神を統一してください。もうちょっと心を丸くしてください。心を丸ーくしてください。丸くしてください。丸ーく、丸ーく、丸ーくして……。

（約二十秒間の沈黙《ちんもく》）

高橋信次の霊よ、高橋信次の霊よ、願わくば、大川きょう子に入り、現在の心境を述べたまえ。高橋信次の霊よ、高橋信次の霊よ、願わくば、大川きょう子の体を支配し、現在の心境を語りたまえ。

今、高橋信次は〝菩薩界《ぼさつかい》〟にいる？

高橋信次　（頭をかく）やあ、みなさん、こんにちは。お久しぶりだねえ。うれしいねえ、私をこうやって呼び出していただいて。

みなさんには、ずいぶん迷惑《めいわく》をかけました。ほんと申し訳なく思っていますよ。いやや、私だってね、光の仲間ですから。決して、この教団の発展に対して、恨《うら》みに思ってることなんか、全然ありませんよ。

まあ、私は、ずいぶん、ひどい目に遭《あ》いましたけれどもね。私は、悲しいとは思ってますよ。九四年のあれのあとですね、私の弟子《でし》たちが、ずいぶんと心を痛めて離《はな》れてしまった。これについては、私も、とても悲しいと思っています。

ただ、私としても、本当に大川先生には申し訳ないとは思っております。本来は別教団の教祖でございますから、よその教団を借りてね、自分の教団の後始末をしてもらうみたいなことは、本来やっちゃいけないことなんだろうなあと思いながらも、ま、「弟子たちが協力するからいいかな」と思って、無理を言って聴いていただいたところもあるんです。

本来、自分の教団でやらなきゃいけないことを、こちらでやっていただいたところもあるので、申し訳ないなあとは思っております。ええ。

それについて、私は、ほんとに申し訳ないと思っています。みなさんにも迷惑をかけております。

もちろん、私自身、悲しいなあと思うことは数多くありましたけれども、それでも、光の仲間ですから、私は、この教団に光を広げていただきたいと思ってお

ります よ。

私の弟子たちも、今、私が指導できないではおりますけれども、「離れずに付いてきてほしい。修行を全《まっと》うして天国に還ってほしい」と、私は心から祈《いの》っておりますよ。

B――　お伺《うかが》いしてよろしいでしょうか。

高橋信次　はい。どうぞ。

B――　今、どのような霊界に住んでおられますか。

高橋信次　んー、そうですねえ、私は菩薩界《ぼさつかい》にはいると思います。

B――　七次元菩薩界？

高橋信次　うん、そうですね。菩薩界にはいると思います。

B――　菩薩界のなかの、どのような世界でしょうか。

高橋信次　いや、菩薩界のずっと上のほうですよ。うん。

B――　周りには、どのような方がいらっしゃるんですか。

高橋信次　んー、いや、谷口さんとかいますよ。うん。

B――　谷口雅春《まさはる》先生？〔注1〕

高橋信次　うん。そうですね。

B――　ほかには？

高橋信次　うーん、そうですね、まあ、哲学者《てつがくしゃ》の方とかいますね。うん。

霊界には「横の階層」だけでなく「縦のバリア」がある

B――　そちらにお還りになられて、多少、不本意なお気持ちとか、ございましたでしょうか。

高橋信次　んー、そうですねえ……、まあ、驚《おどろ》きました。

B――　驚かれた？

高橋信次　うん。ちょっと、私が生前に悟《さと》った内容と、こっちに来てから見た内容とが、だいぶ違《ちが》っていたので、驚きました。

B――　生前の悟りの内容と、実際にお還りになられたあとで見た内容とが、違っていたということでしょうか。

高橋信次　違いましたね。

B――　どういう点が、いちばん大きく違っていたんでしょうか。

高橋信次　私が思っていたよりも世界が広いんです。

B――　広い？

高橋信次　うん。

B――　私どもは、霊界について、「表側」とか「裏側」とかいう言葉を教わっていますけれども、そういう意味も込《こ》めてでしょうか。

高橋信次　うーん、まあ、私は、生前、日本神道《にほんしんとう》をあまり評価してなかったんですけれども、日本神道というのも意外に大きな霊界を持っていて、それが非常に広いということに驚きましたね。

それから、霊界に、いろんなバリアがあるということですね。「横の階層」だけでなく「縦のバリア」があるということ。うん、これにも驚きましたね。「思ったよりも自由自在にならない世界だ」というのが私の率直な感想ですね。もっと自由な世界だと思っていたので、「霊になっても、意外に制約があるんだなあ」と感じて、驚きました。

ま、それは、私の悟りが未熟であって、高い世界に還れなかったからなのかもしれませんけれども。うーん。

「魂《たましい》の本体」に情報を上げる役割をしている高橋信次

B――　あなたの魂《たましい》の本体と呼んでいいんでしょうか、エンリルという九次元存在がいらっしゃいますよね。

高橋信次　はい。

B――　その方との関係といいましょうか、その方とは、霊界においても、何らかの目的で一緒《いっしょ》に行動されているんでしょうか。

高橋信次　もちろんです。まあ、こういう大きな本体がありましてね（両腕《りょううで》で円を描《えが》く）、例えば、UFOとかで、大きな母船から、探察機《たんさつき》みたいな小さいのが出ていきますでしょ？　そして、それで、いろんな情報を取りますね。この私は、その探察機みたいなものだと思っていただいていいんです。私が探察した内容は、本体まで、こういう情報だということが上がります。そういう役割はしております。

B――　そうすると、今、そのエンリルの考えに基づいて、いろいろと行動されたりもしているということになりますよね。

高橋信次　そういうわけではありませんね。どちらかというと、私のほうが直近で三次元に出て詳《くわ》しいですから、私が情報を送るほうでしょうね。うん。あちらは、もう古いですから、三次元のことが、もうだいぶ分からなくなってるので、「私の情報に基づいて向こうが動く」という関係ではないでしょうか。

私は自由にやっています。私の考えのほうが新しいですし、三次元については正確です。ですから、私は自由であって、指導を受けるとかいうことはありませんよ。私は情報を上げます。自由にやらせていただいております。そういう意味では、あの世に還ってからも教祖ですよ。うん。

2　生前の間違《まちが》いに対する「現在の思い」

高橋信次は釈迦《しゃか》の生まれ変わりではなかった

大川隆法　私のほうから訊《き》きます。

高橋信次　はい。（大川隆法に拝礼する）

大川隆法　生前、八年間、法を説かれたあなたに対し、先達《せんだち》として一目《いちもく》は置いておるわけですけれども、その八年間のご活躍《かつやく》の間《あいだ》に、〝釈迦《しゃか》の生まれ変わり〟と称《しょう》されて、周りに、〝釈迦弟子《でし》の生まれ変わり〟という方が、たくさんいることになっていた。

そういう方々が、先生であるあなたが四十八歳《さい》ぐらいで早く亡くなられたので、そのあと、いろいろと混乱を起こしています。あなたが釈迦であることを否定されたら、自分たちも釈迦弟子であることが否定され、具合が悪いということで、地下水脈では、今、幸福の科学の反対勢力にもなっていると思うんですね。

なぜ、生前、自分が釈迦の生まれ変わりであると思って、そういう教えを説かれたのか。それは、生まれる前からの、天上界《てんじょうかい》での計画だったのか。それとも、何か手違《てちが》いがあったのか。そのへんについて伺《うかが》いたいのですが。

高橋信次　釈迦の生まれ変わりでなかったことに、私自身もたいへんショックを受けました。あの世に還《かえ》って、「違っていた」ということで、これは、たいへんショックでしたね。

なぜ釈迦の生まれ変わりだと思ったかといえば、要するに、いろんな映像が見えたんですよ。ええ。自分の過去世《かこぜ》のリーディング（霊査《れいさ》）だと思ったんです。釈迦の悟《さと》りの内容、釈迦の悟りの状態、そういうものが自分には見えたものですから、てっきり自分の過去世だと思いますわね。「自分は、過去、釈迦であった」

と、その映像を見て思った。

それについて私を責められたとしても、んー、これはまた申し訳ないけれども、そこまで私に罪があると言われると、ちょっと、これは厳しいのではないかなあという感じはしますね。実際に、私には、その映像が見えましたのでね。

大川隆法　それは修験道《しゅげんどう》の知識でしょうね、おそらく。あなたは、過去世である役小角《えんのおづぬ》時代に、仏教と神道《しんとう》が融合《ゆうごう》した修験道で山岳《さんがく》修行をし、その間《あいだ》に経文《きょうもん》等も読んでおられたと思うので、修験道の知識が入っていたのではないかと思います。

ただ、私の知るところでは、亡くなる三年前ぐらいには、自分が釈迦とは違うことは、もうすでにご存じだったはずなのですけれども、どうなんでしょうか。「そのへんのところが言えなくて困り、最後に、エル・ランティと称して還っていった」というように理解しているのですが。

高橋信次　うーん、そうですね、私は……。

大川隆法　エンリルなんていう存在を日本人は知りませんのでね。

高橋信次　うーん。

大川隆法　そもそも、そういう存在があるということ自体を知りませんので。日本には珍《めずら》しいタイプの霊ですよね、これは。

高橋信次　そうですね。ま、率直に申し上げて、私は、後継者《こうけいしゃ》が出ることを予言して、この世を去りました。

　自分の死期が近くなるころになって、「どうやら自分は釈迦ではないらしい。自分のあとに来る人が釈迦であるらしい」ということは悟りました。ただ、それ自体、私にとっても非常に苦しい事実ではありました。しかし、死期が迫《せま》ってくるころになって明らかにされた事実でありました。

大川隆法　だから、それが、あなたが早く死んだ理由でもあるでしょう、おそらくね。長生きしたら非常に大きな混乱になるからです。それが、あなたが〝引き上げられた〟理由でもあろうと思います。

縦のバリアの正体は「表側の神々の念力」

大川隆法　最初、「横の階層だけではなくて、縦にも障害がある。縦にもバリアのようなものがある」と言いましたね。

高橋信次　はい。

大川隆法　その縦のバリアの正体は、お分かりになりましたか。

高橋信次　うーん、まあ、表側と言われる方々の念力なんでしょうね。

大川隆法　先ほど、あなたは、もうすでに嘘《うそ》を一つ言いましたね。「谷口雅春《まさはる》さんたちと一緒《いっしょ》の所にいる」と言いましたが、本当は一緒ではないですね。

高橋信次　いやあ、話すことはできますよ。

大川隆法　でも、その縦のバリアは、いったい何ですか。

高橋信次　うーん、話すことはできますけど。

大川隆法　「霊としての格は同じぐらいだ」と思っているけれども、何か違うものがありましょう？　住みかは違うでしょ？

高橋信次　そうですね。まあ、住みかは違います。

大川隆法　そうですね。

高橋信次　確かに、話すことはできますけど、住みかは違います。

大川隆法　住みかは違いますね。

高橋信次　そうですね。まあ、そういう説明でしょうね。

大川隆法　出口王仁三郎《おにさぶろう》［注2］さんなんかのほうに近いでしょ、どちらかといえば。

高橋信次　うーん、そうですね。うーん。

大川隆法　そちらの系統ですよね。

高橋信次　そうですね。まあ、例えば、「雑誌社主催《しゅさい》の対談があって、そこで対談するとなったら、話すことができるけど、普段《ふだん》いる会社は違う」とか、そういう感じの違いではありましょうね。

だから、確かに、自由自在に会えるかというと、そういうわけではなく、「正当なセッティングがあれば会える」という感じでしょうかね。ただ、会うことはできます。

生前、弟子たちに仏典を読ませないようにした理由

大川隆法　私の認定では、あなたの魂《たましい》の本体のなかには「エンリル」という存在がいるんですけれども、〝エル・ランティ〟という存在は本当にいたんですか。

高橋信次　私はエル・ランティと認識しておりました。しかし、ま、そんなにかっ

こよくなかったかもしれませんね。でも、そのへんの知識については、正直、私には、よく分からないんです。

大川隆法　最後、死ぬ間際《まぎわ》に、そういう通信のようなものを聴《き》いたんですよね。

高橋信次　うーん、いや、実際には、よく分からないんです。ですから、間違《まちが》いはあったかもしれません。

大川隆法　それは勉強が十分でなかったところがありますね。

高橋信次　はい。

大川隆法　それから、生前のあなたは、釈迦について、「学ばなくても分かるのです」と言っていたし、「釈迦の時代のことが、目の前に見えるように分かった」と、先ほどもおっしゃいましたね。

高橋信次　はい。

大川隆法　けれども、生前、あなたは仏伝《ぶつでん》を読んでいますね。何冊か読み、それに基づいて『人間・釈迦』を書きましたね。どうですか。

高橋信次　もちろんです。

大川隆法　そうですね。

高橋信次　もちろんです。勉強しました。

大川隆法　ところが、弟子たちに仏典を読ませないようにするため、生前、「読まなくても分かるんです」ということを強調しましたね。それらを読むと、『人間・釈迦』の内容と同じようなことが書いてありますからね。釈迦伝なんか、いくらでもありますので、それらを読むと、『人間・釈迦』は、それらを引き写したものであることが分かりますから、読まないように指導なさいましたね。

どうですか。

高橋信次　うーん、そうですねえ、まあ、よその宗教でも、どこでもあることなんですけれども、ま、創価学会なんかもそうですけれども、自分のところの教義を出したあと、よその教えを学ばれると、その教義に対する批判が、やはり次々と出るんですよ。そうすると教団が揺《ゆ》らぎますので、自分のところの教義が出てしまったら、「よそのものは読むな」と言うのは、私だけのやり方ではないと思います。よその教団も、同じようにやっております。

大川隆法　あなたは、自分の著書《ちょしょ》や『人間・釈迦』等を、仏教学者の渡辺照宏《しょうこう》に郵送して読んでもらい、認めてもらおうと努力したけれども、渡辺照宏のほうから「偽者《にせもの》だ」という判定をされて、怒《いか》り狂《くる》いましたね。

高橋信次　偽者だとは、あれですけど……。

大川隆法　「釈迦ではない」という判定をされて、腹が立ちましたね？

高橋信次　まあ、「間違っている」というような感じはありましたね。

大川隆法　その渡辺照宏は、私については釈迦だと認定してくれているんですよ、あの世に還ってから。

まあ、おそらく、あなたの、仏教についての理解のなかに間違いがある。あなたの教えは、〝釈迦の教え〟として再現されているけれども、釈迦なら当然知っているはずのもので、あなたの教えには出てこないものがある。それは何かというと、例えば、「戒律《かいりつ》」というものは釈迦教団において非常に重きを置いていたものですけれども、あなたの教えには、戒律について触《ふ》れたところがまったくありません。これは、勉強していない証拠《しょうこ》であるし、実は、釈迦ではない証拠でもあるんですよね。

高橋信次　まあ、おっしゃるとおりで、私は電機屋をしながら宗教をやっておりましたので、勉強不足であったことは否《いな》めません。ええ。それは、おっしゃるとおりでございます。

一種の露払《つゆはら》い役であった高橋信次

大川隆法　ただ、その教えを受け、あなたの死後に散って、いろいろな教団をつくった者たちや、一部、幸福の科学のなかに入り込《こ》み、そのあと退転して悪さをしている連中が、たくさんいるわけで、私たちとしては迷惑《めいわく》しているんです。

天上界の計画から見ると、あなたは、おそらく一種の露払《つゆはら》いの役ではあったのだろうと私は思っているんです。まあ、その意味で、肯定的《こうていてき》な判断をしているんです。露払い的な役割はあったのだろうとは思っているので、悪いようには取っていないんです。

しかし、「やや、嘘をつく傾向《けいこう》が強かった」と考えていますし、生前の教えにも、間違っている部分が多いので、霊言集《れいげんしゅう》は絶版にしたんです。決して、ＧＬＡの抗《こう》議《ぎ》とかを受けて絶版にしたわけではありません。内容的に問題があると見て絶版にし、出すのをやめたんです。

高橋信次　まあ、「嘘をついた」というよりは、私の霊能力の限界であったろうと思います。「そういうふうに思い込んでしまった」ということだと思いますね。

大川隆法　いや、それは、中小企業《きぎょう》の社長というか、おやじとして、〝商売〟が上手《じょうず》だったということではないですか。

高橋信次　そうですね。まあ、そう言ったって、誰《だれ》だって、教祖になったら、自分にとってかっこいいことは言いたくなりますよ。

大川隆法　まあ、あなたは、嘘も言うけれども、ときどき、いいこともおっしゃるので、参考になることがあるんです。何か当教団にアドバイス等がありましたら、お聴きしたいのですが。

高橋信次　うーん、そうですねえ。私は、やはり、私の弟子たちが離《はな》れていったことについては、残念に思っております。彼《かれ》らが迷っていること、彼らには行く場所がないということについては、かわいそうに思っております。何とかしてやりたいなあと思っております。はい。

大川隆法　まあ、霊能力があるところに集まっていくんですよね。そういうところに寄っていくんですね、みんな。

高橋信次　そうですねえ。

高橋信次は、法を継《つ》ぐ者を「関西の青年」と言った

大川隆法　あなたの娘《むすめ》さんの佳子《けいこ》さんが、今、跡《あと》を継《つ》いでGLAを主宰《しゅさい》しておられ、あなたが生きていたころと同じぐらいの規模は維持しているというような言い方をなさっていますけれども、あなたからは、どのように見えていますか。

高橋信次　これは……、つらいですねえ。

大川隆法　この人は、最初、自分を大天使のミカエルだと言ってデビューし、そのあと、聖書学者たちに問い詰《つ》められて答えられなくなり、「以後、ミカエルだと言わない」と約束させられて、言わなくなりましたよね。

高橋信次　ずいぶん、つらい思いをさせましたね。

しかし、ただ一つ言わせてもらうなら、私は、後継者は別に出ると予言したんです。

大川隆法　うん、そうだね。

高橋信次　娘が後継者だとは言ってないんです。それを勝手に娘にしてしまった。

大川隆法　そうだね。

高橋信次　この経緯《けいい》が……。

大川隆法　実は、あなたの生まれた理由の一つとして、露払いの役はあったと私は見ているんです。

あなたは、一九七六年に亡くなられるとき、「五年後、一九八一年に大きなことが起きる。偉大《いだい》なことが起きる。そのときに、後継者、私の法を継ぐ者が出るだろう」というようなことを予言して還られた。

高橋信次　「関西の青年だ」と言いました。

大川隆法　ええ。

高橋信次　「関西の青年だ」と言いました。

大川隆法　そうです。ですから……。

高橋信次　女だとは言ってないんです。

大川隆法　いいように理解すれば、あなたは「バプテスマのヨハネ」のような役割をなされたのかなと思います。先触れとして、あとから来る者を予言する役割はあったのかなというふうには、私も理解はしているんです。

まあ、このへんについては、後世の歴史が、はっきりさせることですけれどもね。

ただ、宗教学者が研究していても、とにかく「仏陀《ぶっだ》の生まれ変わり」と言う人があまりにも多くて、苦労しているのです。だんだん選《よ》り分けが進んではいるんですけれども。

麻原《あさはら》仏陀とか、福永法源《ふくながほうげん》仏陀とか、阿含宗《あごんしゅう》の桐山靖雄《きりやませいゆう》仏陀だとか、高橋信次仏陀だとか、まあ、〝仏陀〟がたくさんいるんですよ。「仏陀の生まれ変わり」と称《しょう》する人が何人もいて、本当に宗教学者泣かせなんですが、だんだん淘汰《とうた》が進んできてはいます。

私たちは、原始仏典、原始仏教そのものの再現をやろうとしているわけではなく、現代に適した教えに変えようとして努力しているんですけれどもね。

でも、あなたの言うことは、いろいろと当たることもあるので、何か、いいことを、たまには言ってくださいよ。

高橋信次　いや、私は幸福の科学の運動には本当に感謝しておりますよ。私の間違いであるとか、私の足らなかったところとかを補っていただいて、この教えをきちんと学ぶことで、私の弟子たちも、道を外すことなく天国に還れるようにしていただけるなら、それは本当にありがたいことだと思っています。

娘のほうは駄目《だめ》ですから、こちらに期待しております。

その意味で、私は、いろいろとご迷惑をかけて申し訳ないんでございますけれども、まあ、できれば、自分の弟子ぐらいは、ここに合流させたいと、本当に思っていたんですし、そういう意味では、私も一生懸命《いっしょうけんめい》やったつもりでありますし、今でも一生懸命やっております。

大川隆法　娘さんのところは、どこが駄目なんですか。

高橋信次　んー……、まあ、先ほど話が出た、修行者の「慢《まん》」のところ、名誉心《めいよしん》、権力欲、こうした、どうしても修行者が落ちてしまう穴に落ちたのでしょうね。

大川隆法　私の感じるところでは、初期の著作などには、ちょっと光があるんですけれども、長らく続けているうちに、月刊誌等に波動の悪いものがだいぶ入っているように思うんです。まあ、霊体質で霊能者ではあるんでしょうけれども、今、光のものと闇《やみ》のものとの区別がつかない状態になっているのではないかと思います。

高橋信次　そうですね。わりあい早い時期に、もう潰《つぶ》れましたね。

大川隆法　そうですね。潰れましたね。

高橋信次　潰れました。

大川隆法　まあ、この団体をどうこうするつもりはございませんし、あなたの本ぐらいは売っているんでしょうけれども、ただ、逆に、あなたを有名にするのは幸福の科学のほうでしょうね。『太陽の法』に名前を出したので、世界的に有名になってしまうでしょうね、おそらく。

高橋信次　いや、まことに申し訳ないことだと思っております。本来、自分の団体で後始末を付けなければいけないところを、大川隆法先生にやっていただいて、本当に申し訳ないとは思っております。

「レプタリアン」と言われることには抵抗《ていこう》がある

大川隆法　『「宇宙の法」入門』という本がもうすぐ出るんですけれども、そのなかで、エンリルの正体として、実は、宇宙からやってきた爬虫類型《はちゅうるいがた》宇宙人、レプタリアン族だというようなことが述べられている部分があるんです。それは、あなた、おそらくエンリルの分霊、あるいは分身であると思われる高橋信次から見て、肯定できる内容ですか。

高橋信次　…………。

大川隆法　分からない？

高橋信次　うーん、そうですねえ、レプタリアンっていうのは……。

大川隆法　イメージが悪い？

高橋信次　ちょっと、どうでしょうか。

大川隆法　言いたくない？　イメージが悪い？

高橋信次　いや、私、レプタリアンと言われてしまうと……。それは、ちょっと・・・・変わった姿ではありましたけれども……。

大川隆法　ハッハッハッハ。

高橋信次　レプタリアンと言われてしまうと、抵抗《ていこう》がありますねえ。

大川隆法　納得しない？　ああ、なるほどね。まあ、いろいろ種類があるからね。〝かわいいの〟と〝かわいくないの〟とがあるのかもしれません。

高橋信次　私どもでありましても、この地上をユートピアにするために……。

大川隆法　ああ、そうですか。

高橋信次　地球人と共に生きていたものでございますので、そんなに……。
まあ、もし何か誤解があるとしても、私たちは、地球人を取って食うとかいうことは絶対にありません。

大川隆法　ああ、ない？　食べない種類だというんですね。なるほど。

高橋信次　それはありません。協調して暮らしているつもりではございましたので。

大川隆法　ああ。なるほどね。

仏教的な思想を持って還ることも修行だった

大川隆法　エンリルという名前は古代シュメールの神として知られているんです。

高橋信次　はい。

大川隆法　そして、『旧約聖書』に言う、いわゆる「ノアの大洪水《だいこうずい》」、ノアが助かった大洪水を起こしたのが、このエンリルであると言われているんです。だから、あちらのほうでは、最高神とも言われているんだけれども、実は「破壊《はかい》の神」であるとも言われているんですよね。

高橋信次　そのとおりです。そのとおりです。

大川隆法　ところが、高橋信次として生前に説いた教えでは、けっこう、「調和」だとか「中道《ちゅうどう》」だとか、そういう言葉も使われましたよね。「大調和」だとか「中道」だとか、「大自然は調和している」とか、そういうことを、ずいぶん説かれました。このへんについては、今、どのように考えているんですか。

高橋信次　それは、地上に降りた身として、仏教を学び、自分を仏陀だと思っていましたので……。

大川隆法　仏教にしようとしたわけね。

高橋信次　そうです。

大川隆法　なるほどね。

高橋信次　仏教の教えに基づいて、そういう教えになったと思います。

しかし、神は、まあ、優《やさ》しい神だけではありません。はい。

大川隆法　まあ、それは、そういうことはありますね。

高橋信次　祟《たた》りを起こすものもあります。ええ。

大川隆法　二面性ですね。「神のヤヌス性」ということが、やはり言われていますからね。

高橋信次　ええ。間違ったものを徹底的《てっていてき》に滅《ほろ》ぼす……。

大川隆法　だから、高橋信次を信仰《しんこう》している者から見れば、「高橋信次の本体はエンリルで、破壊の神が本性《ほんしょう》だ」と言われると、納得しないで、信じない方が多いと思うんです。だから、そのへんについて、あなたの言葉がいただきたいんです。

高橋信次　……。まあ、しかしですね、あの、まあ、エル・カンターレでありましても、仏陀とヘルメスというのは全然違う性質を持っております。

大川隆法　そうです。はい。

高橋信次　正反対です。すべてにおいて、行動から教えから正反対です。

私、高橋信次におきましても、この三次元で、日本という国に、この時代に生まれ、自分で新たに獲得《かくとく》した経験なり教えなり、そういうものでもって悟りを構築してもかまわないわけでございまして、昔が破壊の神であったから、常に破壊の神でなければいけないということは、まったくないんです。

私は、地上に降り、三次元で修行し、仏教の教えも学んで、仏教的なものを説きました。そうした思想をエンリルのなかに持って還るというのも、私にとっては修行なんですよ。

大川隆法　生前のあなたは、非常に下町的で庶民的《しょみんてき》な面白《おもしろ》いところと、すご一く偉《えら》くなって、偉そうに言う、あるいは怒《おこ》って言う場合と、両極端《りょうきょくたん》が出る人でしたよね。不思議な性格でしたね。庶民的なところと、ものすごく偉そうに言うところと、両方が出ましたよね、性格的に。

高橋信次　特に、霊が降りてくると、まあ……。

大川隆法　入るとね、それが。

高橋信次　ええ、この世的には、変わったというかたちに見えるのは、しかたがないことだと思いますね。

3　仏教なら「三宝帰依《さんぽうきえ》」を言うべきである

高橋信次は、かつての弟子《でし》を援助《えんじょ》している

大川隆法　（質問者たちに）何かありますか。

A――　質問させていただきます。

今、幸福の科学教団の……。

高橋信次　やあ、本当に君にはお世話になってますよ。ほんとにありがとう。

A――　いえ、そんな……。

高橋信次　ほんと、ありがとう。ほんと、ありがとう。頑張《がんば》ってね。頑張ってね、本当に。うん。うれしいよ、本当に。うん。

A――　いや、何もやっていませんが（会場笑）。かつてお世話になっていた義理の母の件でしょうか。

高橋信次　いやあ、もちろん。

A――　ああ。

高橋信次　いやあ、本当に君が救いだよ。君が希望なんだよ。お願いするよ。頑張ってね。

A――　義理の母は、ちゃんと、エル・カンターレ信仰《しんこう》の下《もと》で、いわゆる植福菩薩《しょくふくぼさつ》になったり、御本尊《ごほんぞん》を拝受したりし、伝道していますので、安心してください。

高橋信次　ありがとう。

A――　ええ。

高橋信次　ぼくはうれしいよ、君に会えて。

A――　なんで、そんな（笑）。

高橋信次　本当にうれしいよ。あー、よかったあ。よろしく頼《たの》むよ。ああ。

A――　一族のGLA信者にも伝道し……。

高橋信次　いやあ、君のような人が頑張ってくれてるっていうことは、ぼくはうれしい。本当にありがとう。これからも、道を間違《まちが》わずに、しっかり頑張ってくれたまえ（会場笑）。うん。

それで、何だね？

A――　今、水面下で、いろいろなことが起きており、レムリア・ルネッサンスという邪教《じゃきょう》ができたりもしています。

そして、先ほど大川隆法総裁からエンリルの話もございましたが、『「宇宙の法」入門』という本に、あなたの本体である「エンリルの霊言《れいげん》」が収められ、今回、こうして、あなたの霊言も公開収録されております。

このような状況下《じょうきょうか》において、私がいちばん知りたいのは、「高橋信次さんは、今、幸福の科学と、どうかかわっているのか」ということです。また、あなたにご縁《えん》のある方が、幸福の科学教団に、いろいろと影響《えいきょう》を与《あた》えているのではないかと思うのですが、ご存じありませんでしょうか。ストレートにお伺《うかが》いします。

高橋信次　まあ、ぼくは、今、表向きには、もう幸福の科学を指導することはできません。

ただ、ぼくは、それなりに頑張ってるんですよ。ぼくの弟子《でし》たちが幸福の科学に来てますからね。そういう弟子たちが、この教団から離《はな》れないように、一生懸命《いっしょうけんめい》、インスピレーションを与えに行ってるんですよ、実は。ぼくだって働いてるんです。離れようとする人に、離れないように一生懸命インスピレーションを与えてますよ。

ぼくは、支援霊団《しえんれいだん》、指導霊団は、いちおうクビになって、表立ってはできないんですけれども、裏に回っては、やってますよ。まあ、ぼくが今やってる大きな仕事としては、一つには、ぼくの弟子たちがこの教団から離れないように、パシパシパシパシパシッとインスピレーションを与えてます。ええ。

ぼくだって光の仲間ですから、この教えが光のものであるということは、よく分かってます。大川先生は素晴らしいですよ。ぼくは、いっぱい間違えたけど、大川先生は秀才《しゅうさい》ですからね。それは素晴《すば》らしいことだと思います。だから、ぼくの弟子が離れないように、ぼくは援助してます。

また、ぼくの弟子たちで、もう悪霊《あくれい》しか入らなくなってしまった弟子がいっぱいいるんだけど、何とかならないかなあと思って、働きかけに行ったりはします。ええ。

A——陰《かげ》ながら幸福の科学の応援《おうえん》をしてくださっていると理解してよろしいでしょうか。

高橋信次　ええ、もちろんですよ。もちろんですよ。

「自分の霊言集を出したい」と考えている

A――　あなたにご縁がある人たちのなかには、幸福の科学に対して、調和がうまくとれていないというか、混乱の要因となるような人たちもいるように思うのですが、それについては、ご存じですか。

高橋信次　分かってます。

A――　分かってる？　どういうふうに分かっているんですか。教えてください。

高橋信次　調和がとれてないといいますか、やはり三次元というのは難しいんですよ。私が主導して混乱を起こしてるわけではありませんが、まあ、限られた知識のなかでやっているからには、「いろんな人が、思いつきで、いろんなことを始めてしまう」というのはありますね。それについては致《いた》し方《かた》ないことですね。

しかし、私が主導して混乱を起こしてるわけではありません。私は、できれば、みんなが、こっちに来て、やっていただきたいなあと思ってるんです。

ただ、私は、大川先生に対して、不満と言っては何ですけれども、やはり、足りないなあと思うことがあるとしたら、「宇宙の法」のところですね。まあ、大川先生は「死ぬ前に説く」とか言ってたけど、私、そんなのは、やはり遅《おそ》いと思うんですよ。やはり、もっと早くからやらなきゃいけないと思っています。

また、大川先生は、公開での霊現象みたいなものも、ほとんど封印《ふういん》してしまったけれども、まあ、正直に言って、私の弟子たちなんかは、そっちのほうが好きでしたからね。「あまり真面目《まじめ》な教えばかりで、心の教えを説き、この世的にまっとうなことばかりやってると、うちの弟子たちはついてこられない。困ったなあ」という感じはありましたね。

うちの弟子は、頭はあまり良くないのでね。でも、霊は好きで、真っすぐな人が多いんですけれども、教えが難しくなってくると、私の弟子がついてこられない。不満としては、これが言いたいんですよ。もっと易しく、もっと面白くしないと。これは、ぜひお願いしたいですね。

エル・カンターレ系霊団のまっとうなお坊《ぼう》さん、あなたたちみたいな、まっとうに修行した方々というのは、みんな秀才ですから。大川先生も秀才ですよ。ええ。お弟子さんたちも、みんな秀才なんで、そういう秀才の方々には、この路線で結構だと思うんですけれども。

まあ、私は電機屋のおやじですから、私のころのGLAは、教えがそんなに難しくなかったんですよ。その弟子たちにとっては、今、幸福の科学の教えが難しくなりすぎて、みんな、ついてこられない。これについて、「頼むから易しくしてくれ」という思いはありますね。うん。

でも、ほんと頑張っていただいて、ありがとう。うん。頭下がるよ。うん。拝みたいぐらいだよ。うん。うん。

大川隆法　（質問者Aに）「おれの霊言集を出せ」と言っているんだよ。そういうことだよ、意味は。

A――（大川隆法に）ああ、なるほど。そうですか。すみません、分かりませんでした。

大川隆法　ハッハッハッハッハ。

A――（大川隆法に）智慧《ちえ》が足りずに申し訳ありません。（高橋信次に）「面白く広げる」ということは、まあ、念頭にあるわけですね。

高橋信次　はい。そうですね。

霊現象の危険性を十分に知らなかった高橋信次

大川隆法　（質問者たちに）ほかに何かありますか。

C――　質問させていただきます。

『「宇宙の法」入門』のなかで、「エンリルが、アメリカの人たちに睡眠《すいみん》障害などを起こさせて苦しめている」という話がありましたが、ご存じでいらっしゃいますか。

高橋信次　いや、まったく知りませんね。私は愛と慈悲《じひ》に生きた人間ですので（会場笑）、知りません。まったく関係ありませんね。

C――　そうですか。

高橋信次　なんでしょうね。うん。私はまだ日本におりますので。ええ。

C――　あなたは、今、日本の霊界にいるということですね。

高橋信次　私は、日本の霊界で、愛と慈悲の活動をしておりますよ。とんでもないやつですね。うん。

C――　ああ、そうですか。あなたが指導すると、まあ、言葉はあれですが、祟《たた》るとか、あの……。

高橋信次　んー……。（低い声でうめく）

C――　指導している団体などに、何か、よからぬことが起きるといいますか、呼び込《こ》むような傾向《けいこう》というのは、おありになるのでしょうか。

高橋信次　いや、私は……。そうですねえ、自分では、そういうつもりはないんですけれども、霊現象というのは、やはり難しいんですよ。いったん霊道《れいどう》を開《ひら》いてしまったあと、悟《さと》りを維持《いじ》するというのは、ほんとに難しい［注3］。

ですから、私の弟子で道を誤っていく者が次々と出るのは知っています。

私も、正直、自分で霊現象ができて、自分の霊現象というのが素晴らしかったので、これを広めることが使命だと思ったんですけれども、この霊現象というのが、ここまで危ないものだと知っていたら、はたして、これをやったかどうか。今、その点については、一部、後悔《こうかい》はしていますね。「もう少し、やり方があったのかなあ」と。

これは、もちろん、私の未熟《みじゅく》のせいであり、私の失敗ではあるんですけれども、私が祟ったということではなくて、霊現象自体が難しいんです。

高橋信次はエル・カンターレに帰依《きえ》している

C――　三宝帰依《さんぽうきえ》については、どのように考えていらっしゃいますか。先ほど、「自分の弟子たちが幸福の科学の指導に付いていけるように」というお話がありましたけれども、「エル・カンターレの弟子として」ということは、最終的には、「あなたから離れる」ということになるかと思うんです。このあたりは、どのように整理しておられるのでしょうか。

高橋信次　いやあ、仏教だったら「三宝帰依」を言うのは当然ですよ。これを言わなきゃ仏教じゃありません。

それで、「私から離れる」ということについてですが、私は、そういうふうには思っておりません。ええ。そういうふうには思っておりません。

正しい仏陀《ぶっだ》が出たのなら、その仏陀に付いていく。それで、みんなが天国に還《かえ》ってくれる。それは私の願いです。

「三宝帰依」、仏教なら当然言うべきです。

C――　では、あなたご自身は、エル・カンターレに帰依していらっしゃるんでしょうか。

高橋信次　私は指導霊団をクビになりましたけれども、私自身は帰依してるつもりはございます。

C――　分かりました。はい。

B――　今、先ほどから名前が出ていますレムリア・ルネッサンスとか、その他《た》、いろいろと、いわゆる霊能力を中心にしたような団体などで、実際に間違いを犯しているところも出てきていると思うのですが、そういうところに対して、どのようにお考えでしょうか。

高橋信次　もう、早く潰《つぶ》すべきですね。早く店じまいするべきです。これは危険です。まあ、そういう意味ではね、あなたたち弟子の力が足りないんですよ。ええ。こういう活動をされてしまうというのはねえ、ほんとに惜《お》しいですね。うん。

B――　そういうところと、何らかのかかわりは、お持ちではないですよね。

高橋信次　かかわってません。というより、むしろ私は反対してますよ。うん。

B――　先ほど、「地上のいろいろな情報を本体のほうに上げたりしている」という話がありました。今、地上でも、けっこう、お仕事をされているということですよね。

高橋信次　そうですね。まだ弟子が生きておりますのでね。

B――　おもに、そのお弟子さんたちを幸福の科学のほうに寄せようと……。

高橋信次　そうです。ここは光ですから。

B――　そういうお仕事をされているということでしょうか。

高橋信次　はい。

大川隆法　まあ、私の見るところでは、いろいろなところに行って、ご指導なさっているようには見えるんですけれどもね。ハッハッハッハッハ。出られるところなら、どこにでも出ているような感じが、ちょっとするんですけれども。

高橋信次　……いいえ。そんなことはありません。

大川隆法　そうですか。はいはい、結構です。分かりました。

エル・カンターレは「巨大《きょだい》な光」

大川隆法　（質問者たちに）ほかにはないですか。

A――　エル・カンターレという存在は、あの世から見たら、どのように見えますか。

高橋信次　巨大《きょだい》な光です。

A――　大きいですか。

高橋信次　巨大な光です。

A――　光としか見えないんですか。

高橋信次　まともに見ることはできません。

A――　大川隆法総裁の御著書《ごちょしょ》『愛、無限』では、その光は直径十キロほどの大きさとも言われていますけれども、かなり大きい……。

高橋信次　フッフッフ。まあ、直径十キロって、人間の目で見える範囲《はんい》をもう超《こ》えてますので。

A――　超えている？

高橋信次　ええ。まあ、巨大な光というのが私のイメージですね。

悪さをする宇宙人は確かにいる

B――　あと一つだけお伺いします。

先ほどレプタリアンという話もありましたが、侵略的《しんりゃくてき》な意図を持って地球にやってきている宇宙人がいるのでしょうか。そして、いるとすれば、それに対して、どのようにお考えでしょうか。

高橋信次　うーん、そうだねえ、悪さをしてる宇宙人はいますね、確かに。ただ、あえて言わせていただきますけど、私は、その一派ではありません。私は、きちんと招かれて地球に来た者でありますし、「地球人と調和して生きていく」と、もちろん誓《ちか》った者でありますから、決して、地球に敵対する者ではございません。

ただ、ま、地球で戦争がいろいろと起き、核《かく》兵器とかもあって、地球が、今、危機に瀕《ひん》しておりますので、この状態で、地球にちょっかいを出そうとしてやってきている、悪さをする宇宙人は、確かにおります。

ただ、私は、その仲間ではありません。うん。

ですから、私は地球人なんですよ。私は宇宙人じゃありませんから。

大川隆法　宣伝に使われるから、そろそろ、このへんでやめておいたほうがよろしいかと思います。

では、きょうは、どうもありがとうございました。はい、お帰りください。どうぞ。

高橋信次　私こそ、ありがとうございました。

大川隆法　はい。長くなりますので、このへんで終わりましょうか。

ご苦労さまでした。

[注1] 谷口雅春《まさはる》（一八九三～一九八五）は生命《せいめい》の実相哲学《じっそうてつがく》を説いた宗教家。現在、八次元如来界《にょらいかい》と七次元菩薩界《ぼさつかい》の中間にある梵天界《ぼんてんかい》にいる。『大川隆法霊言全集　第17巻』などに霊言が収録されている。

[注2] 出口王仁三郎《おにさぶろう》（一八七一～一九四八）は大正・昭和期の宗教家。現在、八次元如来界の裏側（仙人《せんにん》・天狗界《てんぐかい》）にいる。『大川隆法霊言全集　第46巻』などに霊言が収録されている。

[注3] 霊界と同通し、霊的存在と交流できる状態になることを、生前の高橋信次は「霊道《れいどう》を開《ひら》く」と称したが、ＧＬＡやその分派では、霊道を開いたあと、やがて悪霊《あくれい》に支配され、人格に破綻《はたん》をきたす人が続出した。『太陽の法』第6章参照。

あとがき

本書全体は、霊的《れいてき》現象論ととらえてもらってよいだろう。仏法真理《ぶっぽうしんり》の理論書だけでは、やや難しい点もあるので、この世の人々の霊的世界への目覚めの一助ともなれば幸いである。

あの世には、神、仏といわれる存在、如来《にょらい》や菩薩《ぼさつ》や、天使、天狗《てんぐ》、仙人《せんにん》といわれる存在もあるが、同時に、悪魔《あくま》や魔王《まおう》、悪霊と呼ばれる存在もある。

この不思議を知ってもらうことが、正しい信仰《しんこう》への必要性を感じさせ、宗教入門の意義をも教えることになるだろう。

本書があなたを苦しみの世界から救う一書となることを心から願っている。

二〇一〇年　二月

幸福《こうふく》の科学《かがく》グループ創始者兼総裁《そうししゃけんそうさい》　大川隆法《おおかわりゅうほう》

『エクソシスト入門』大川隆法著作参考文献

『太陽の法』（幸福の科学出版刊）
『黄金の法』（同右）
『仏陀の証明』（同右）
『愛、無限』（同右）
『悟りの挑戦（下巻）』（同右）
『宗教選択の時代』（同右）
『松下幸之助 日本を叱る』（同右）
『龍馬降臨』（同右）
『「宇宙の法」入門』（同右）

※左記は当会の会員で仏・法・僧の三宝に帰依することを誓った者に与えられます。
詳しくは最寄りの精舎・支部・拠点・布教所までお問い合わせください。

『仏説・正心法語』『祈願文①』

※左記は書店では取り扱っておりません。最寄りの精舎・支部・拠点・布教所までお問い合わせください。

『大川隆法霊言全集 第12巻 西郷隆盛の霊言／福沢諭吉の霊言／木戸孝允の霊言』（宗教法人幸福の科学刊）
『大川隆法霊言全集 第17巻 谷口雅春の霊言①』（同右）
『大川隆法霊言全集 第38巻 ピカソの霊言／ゴッホの霊言』（同右）
『大川隆法霊言全集 第39巻 ベートーベンの霊言／シェークスピアの霊言／ダンテの霊言／松尾芭蕉の霊言』（同右）
『大川隆法霊言全集 第46巻 出口王仁三郎の霊言①』（同右）
『大川隆法霊言全集 別巻1 ミカエルの霊言①』（同右）

エクソシスト入門《にゅうもん》――実録・悪魔との対話――

2010年3月23日　初版第1刷

著　者　　大《おお》川《かわ》隆《りゅう》法《ほう》

発行所　　幸福の科学出版株式会社

〒142-0041 東京都品川区戸越1丁目6番7号
TEL(03)6384-3777
http://www.irhpress.co.jp/

印刷・製本　株式会社 堀内印刷所

落丁・乱丁本はおとりかえいたします

ISBN978-4-86395-028-3 C0014
Photo: ©Alx-Fotolia.com

大川隆法 ベストセラーズ・創造の新境地を拓く

創造の法

常識を破壊し、新時代を拓く

法シリーズ
第15作

◆人生の付加価値を高める方法とは
◆宮本武蔵に学ぶ「アイデアを得る条件」
◆新しい視点を得る「ヘソ曲がりのすすめ」
◆ひらめきには努力とリラックスが必要
◆今、日本がなすべきイノベーションとは

1,800円

第1章 **創造的に生きよう** ―― 人生の付加価値を百倍にする方法
第2章 **アイデアと仕事について** ―― 強い熱意と真剣勝負の気持ちを持て
第3章 **クリエイティブに生きる** ―― 未来を拓く逆発想のすすめ
第4章 **インスピレーションと自助努力** ―― 創造性豊かな人材となるために
第5章 **新文明の潮流は止まらない** ―― ゴールデン・エイジの創造に向けて

※表示価格は本体価格(税別)です。

幸福の科学の祈願の案内

幸福の科学の支部・精舎は、仏の光が降り注ぐ「聖なる空間」です。
全国各地の支部・精舎では、悪霊の影響を取り除き、
幸福になるための各種祈願を開催しています。

悪霊撃退《あくれいげきたい》祈願

悪魔《あくま》祓《ばら》いの秘法である修法《しゅうほう》「エル・カンターレ ファイト」による祈願です。
全国の支部・精舎にて開催。

悪霊調伏《あくりょうちょうぶく》祈願

凶悪な悪霊《あくりょう》・悪魔《あくま》を調伏するための強力な祈願です。
本祈願を受けられた方は「霊障《れいしょう》対策・予防講座」を受講することができます。
総本山・正心館（栃木県宇都宮市）のみで開催。

悪霊成仏《あくれいじょうぶつ》祈願

仏の慈悲の力で、縁あって現れた悪霊を成仏させる、強い力を持った祈願です。
総本山・未来館（栃木県宇都宮市）のみで開催。

●上記の祈願はどなたでもお受けいただけます。

お問い合せ　**幸福の科学サービスセンター**
TEL 03-5793-1727【火〜金】10時〜20時／【土・日】10時〜18時

幸福の科学

あなたに幸福を、地球にユートピアを――
宗教法人「幸福の科学」は、
この世とあの世を貫く幸福を目指しています。

幸福の科学は、仏法真理《ぶっぽうしんり》に基づいて、まず自分自身が幸福になり、その幸福を、家庭に、地域に、国家に、そして世界に広げていくために創られた宗教です。

「愛とは与えるものである」「苦難・困難は魂を磨く砥石《といし》である」といった真理を知るだけでも、悩みや苦しみを解決する糸口がつかめ、幸福への一歩を踏み出すことができるでしょう。

この仏法真理を説かれている方が、大川隆法総裁です。かつてインドに釈尊《しゃくそん》として、ギリシャにヘルメスとして生まれ、人類を導かれてきた存在、主エル・カンターレが、現代の日本に下生《げしょう》され、救世の法を説かれているのです。

主を信じる人は、どなたでも幸福の科学に入会することができます。あなたも幸福の科学に集い、本当の幸福を見つけてみませんか。

幸福の科学の活動

● 全国および海外各地の精舎《しょうじゃ》、支部・拠点などで、大川隆法総裁の御法話拝聴会、祈願や研修などを開催しています。

● 精舎は、日常の喧騒《けんそう》を離れた「聖なる空間」です。心を深く見つめることで、疲れた心身をリフレッシュすることができます。

● 支部・拠点は「心の広場」です。さまざまな世代や職業の方が集まり、心の交流を行いながら、仏法真理を学んでいます。

幸福の科学入会のご案内

◆ 精舎、支部・拠点・布教所にて、入会式にのぞみます。入会された方には、経典《きょうてん》「入会版『正心法語《しょうしんほうご》』」が授与されます。

◆ 仏弟子としてさらに信仰を深めたい方は、三帰誓願式《さんきせいがんしき》を受けることができます。三帰誓願式とは、仏・法・僧の三宝《さんぽう》への帰依《きえ》を誓う儀式です。

◆ お申し込み方法等は、最寄りの精舎、支部・拠点・布教所、または左記までお問い合わせください。

幸福の科学サービスセンター
TEL 03-5793-1727
受付時間　火～金：一〇時～二〇時
土・日：一〇時～一八時

大川隆法総裁の法話が掲載された、幸福の科学の小冊子（毎月１回発行）

月刊「幸福の科学」
幸福の科学の
教えと活動がわかる
総合情報誌

「ザ・伝道」
涙と感動の
幸福体験談

「ヘルメス・エンゼルズ」
親子で読んで
いっしょに成長する
心の教育誌

「ヤング・ブッダ」
学生・青年向け
ほんとうの自分
探究マガジン

幸福の科学の精舎、支部・拠点に用意しております。詳細については下記の電話番号までお問い合わせください。

TEL 03-5793-1727

宗教法人 幸福の科学 ホームページ　http://www.kofuku-no-kagaku.or.jp/